Wilhelm Hennigs

Studien zu Lope de Vega Carpio

Wilhelm Hennigs

Studien zu Lope de Vega Carpio

ISBN/EAN: 9783743375222

Hergestellt in Europa, USA, Kanada, Australien, Japan

Cover: Foto ©ninafisch / pixelio.de

Manufactured and distributed by brebook publishing software
(www.brebook.com)

Wilhelm Hennigs

Studien zu Lope de Vega Carpio

Studien

zu

Lope de Vega Carpio.

Eine Klassifikation seiner Comedias

Inaugural-Dissertation

zur Erlangung der Doctorwürde

der hohen philosophischen Fakultät

der

Georg-Augusts-Universität zu Göttingen

vorgelegt von

Wilhelm Hennigs
aus Hannover.

Göttingen 1891.
Druck der Dieterich'schen Univ.-Buchdruckerei.
(W. Fr. Kaestner.)

Herrn

Professor Dr. Karl Vollmöller

in dankbarer Verehrung

zugeeignet.

Verzeichnis der behandelten Stücke.

	Seite
Abindarraez y Narvaez	45
Acero (el) de Madrid	55
Adónis y Vénus	40
Adversas (las) fortunas del Infante Don Fernando de Portugal	33
Alcalde (el) Mayor	57
Alcázar (el) de Consuegra	28
Alfonso, el afortunado	28
Almenas (las) de Toro	12
Al pasar del arroyo	57
Amantes (los) sin amor	57
Amante (el) agradecido	74
Amar, servir y esperar	75
Amar sin saber á quien	54
Amazones (las)	40
Amigo (el) hasta la muerte	90
Amigo (el) por fuerza	47
Amistad (la) pagada	11
Amistad y obligacion	79
Amor, pleito y desafío	58
Amor, pleito y desafío	58
Amor con vista	58 u. 60
Amor secreto hasta zelos	75
Amor (el) enamorado	40
Amor (el) bandolero	41
Angélica en el Catay	43
Animal (el) de Ungría	47
Animal (el) profeta	100
Antonio Roca	96
Anzuelo (el) de Fenisa	45
Arauco domado	26
Arcadia (la)	80
Arenal (el) de Sevilla	58
Argel fingido y Renegado de amor	48
Argolan, Rey de Alcalá	28
Asalto (el) de Mastrique	27
Atalanta (la)	41
Audiencias (las) del Rey Don Pedro	39
Ausente (el) en el lugar	56
Aventuras (las) de D. Juan de Alarcos	95
Ay verdades que en amor	70
Bandos (los) de Sena	87
Bárbara (la) del cielo	101
Barlaam y Josafá	100
Bastardo (el) Mudarra	14
Batuecas (las) del Duque de Alva	19

	Seite
Batalla (la) del honor	36
Bella (la) Andrómeda	40
Bella (la) Aurora	41
Bella (la) mal maridada	56
Benavides (los)	13
Bernardo del Carpio en Francia	15
Bizarrías (las) de Belisa	68
Blason (el) de los Chaves de Villalba	19
Boba (la) para los otros y discreta para sí	55
Bobo (el) del colegio	70
Boda (la) entre dos maridos	49
Bohemia convertida	33
Brazil restituido	27
Buen (el) vecino	9
Buena (la) guarda	100
Burgalesa (la) de Lerma	76
Campana (la) de Aragon	15
Capellan (el) de la Virgen	101
Cardinal (el) de Belen	100
Carbonera (la)	18
Cárlos V. en Francia	25
Cárlos el perseguido	85
Casamiento (el) en la muerte	14
Casta (la) Penélope	41
Castelvines y Monteses	44
Castigo (el) sin venganza	31
Castigo (el) del discreto	93
Catalan (el) valeroso	47
Cautivos (los) libres	87
Cautivos (los) de Argel	83
Cavallero (el) de Yllescas	45
Cavallero (el) del sacramento	52
Cavallero (el) del milagro	76
Cavallero (el) de Olmedo	93
Cerco (el) de Santa Fé	19
Cerco (el) de Toledo	28
Cerco (el) de Madrid	28
Cerco (el) de Viena por Cárlos V.	28
Chaves (los) de Villalba	19
Cierto (lo) por lo dudoso	18
Circe (la) Angélica	43
Comendador (el) de Ocaña	17
Comendadores (los) de Córdoba	17
Conde (el) Fernan Gonzalez	14
Conde (el) Dirlos	28

II

	Seite		Seite
Conquista (la) de Tremecen	28	Enemigos (los) en casa	52
Conquista (la) del Andaluzia	28	Enemigo (el) engañado	79
Conquista (la) de Cortés	28	Enredes (los) de Celauro	92
Con su pan se lo coma	98	En los indicios la culpa	99
Contra valor no hay desdicha	32	Esclavo (el) de Roma	41
Corona (la) merecida	36	Escolastica (la) zelosa	83
Cortesía (la) de España	91	Esclava (la) de su galan	90
Creacion (la) del mundo y primera culpa del hombre	101	Españoles (los) en Flandes	27
		Estrella (la) de Sevilla	27
Cuerdo (el) loco	51		
Cuerdo (el) en su casa	93	Fábula (la) de Perseo	40
Cuerdo (el) en su rincon	93	Famosas (las) Asturianas	12
Cuentas (las) del gran Capitan	19	Favor (el) agradecido	87
		Fé (la) rompida	85
Dama (la) boba	92	Felisarda (la)	51
Dama (la) melindrosa	90	Ferias (las) de Madrid	83
David (el) perseguido	34	Fernan Mendoz Pinto	96
David perseguido y montañes de Gelboe	34	Fianza (la) satisfecha	101
		Fingido (lo) verdadero	31
De cosario á cosario	69	Firmeza (la) en la desdicha	88
De cuando acá nos vino	92	Flores (las) de Don Juan	98
Defensa (la) en la verdad	38	Flores (las) de Don Juan y pobre y rico trocados	98
Del mal lo ménos	85		
Desden (el) vengado	9	Fortuna (la) merecida	37
Desdicha (la) Estefania	16	Fray Martin de Valencia	101
Despreciada (la) querida	69	Francesilla (la)	94
Desposario (el) descubierto	76	Fuente-Ovejuna	17
Desprecio (el) agradecido	69	Fuerza (la) lastimosa	49
Desconfiado (el)	89	Fundacion (la) de la Alhambra de Granada	28
Desdichado (el)	91		
Despertar á quien duerme	96	Fundacion (la) de la Santa Hermandad de Toledo	28
Dí mentiras sacarás verdad	88		
Dineros son calidad	84		
Dios hace reyes	49	Gallardo (el) Jacobin	33
Discreta (la) enamorada	68	Galiana (la)	42
Discreta (la) venganza	29	Gallardo (el) Catalan	47
Dichoso (el) Parricida	33	Gallardo (la) Toledana	69
Divino (el) Africano	101	Galan (el) de La Membrilla	73
Dómine (el) Lucas	93	Galante (el) Castrucho	83
Don Juan de Castro I	95	Garcilaso de la Vega	96
Don Juan de Castro II	95	Gata (la) de Mari Ramos	9
Don Beltran de Aragon	95	Genoves (el) liberal	86
Don Lope de Cardona	95	Grandezas (las) de Alejandro	30
Don Gonzalo de Córdoba	83	Gran (el) Duque de Moscovia	32
Don Manuel de Sousa	96	Gran (el) Cardenal de España Don Gil de Albornez	102
Don Juan de Dios y Martin	101		
Donayres (los) de Mático	51	Guanches (los) de Tenerifa	27
Doña Inés de Castro	28	Guanches (los) de Tenerifa y conquista de Canaria	27
Doncella (la) Teodor	45		
Doncellas (las) de Simáncas	13	Guante (el) de Doña Blanca	44
Duque (el) de Alva en Paris	28	Guardar y guardarse	77
Duque (el) de Viseo	29	Guzmanes (los) de Toral	28
		Guelfos y Gibelines	32
Ejemplo (el) de casadas y prueba de la paciencia	45		
		Halcon (el) de Federico	44
Ejemplo (el) de la paciencia	45	Hamete (el) de Toledo	48
Ello dirá	37	Hazañas (las) del Cid y su muerte	28
Embidia (la) de la nobleza	22		
Embustes (los) de Fabia	31	Hay verdades que en amor	70
Embustes (los) de Celauro	92	Hermosa (la) Ester	34
		Hermosa (la) aborrecida	34

III

Título	Seito
Hermanas (las) vandoleras	39
Hermosa (la) Alfreda	49
Hermosa (la) fea	55
Hero y Leander	41
Hidalgos (los) de Aldea	77
Hidalgo (el) Abencerrage	19
Hijo (el) de los leones	47
Hijo (el) sin padre	9
Hijo (el) de Reduan	14
Hijo (el) de la molinera	27
Historia (la) de Tobías	34
Hombre (el) por su palabra	47
Hombre (un) de bien	70
Honra (la) por la muger	9
Honrado (el) hermano	30
Horacios (los)	31
Ilustre (la) fregona	59 u. 64
Imperial (la) de Toledo	28
Imperial (la) de Oton	31
Infanzon (el) de Ylléscas	9
Intencion (la) castigada	2
Ingratitud (la) vengada	53
Ingrato (el) arrepentido	94
Inocente (la) sangre	15
Inocente (la) Laura	48
Jardin (el) de Vargas	9
Jardin (el) de Falerina	43
Jorge Toledano	88
Judía (la) de Toledo	17
Jueces (los) de Castilla	28
Jueces (los) de Ferrara	33
Juez (el) en su causa	53
Juez (el) en su misma causa	53
Julian Romero	96
Juventud (la) de San Isidro	102
Labrador (el) venturoso	38
Laberinto (el) de Creta	40
Lágrimas (las) de David	34
Laura perseguida	49
Lazarillo de Tormes	96
Lealtad (la) en el agravio	30
Leal (el) criado	53
Leon (el) apostólico	102
Ley (la) ejecutada	48
Libertad (la) de Castilla	14
Libertad (la) de San Isidro	102
Limpieza (la) no manchada	101
Llave (la) de la honra	91
Llegar en ocasion	51
Locos (los) de Valencia	73
Locos (los) por el cielo	101
Locura (la) por la honra	38
Lo que pasa en una tarde	59
Lo que está determinado	81
Lo que ha de ser	81
Lo que hay que fiar del mundo	99
Lucinda perseguida	78

Título	Selto
Madre (la) de la mejor	101
Madre (la) Teresia de Jesus	102
Maestro (el) de danzar	93
Mal (la) casada	73
Marido (el) mas firme	40
Marques (el) de Mantua	42
Marmol (el) de Felisarda	44
Marques (el) de las Navas	95
Martyr (el) de Florencia	102
Martires (los) de Madrid	102
Mas vale salto le mata que ruego de buenos	9
Mas (el) galan Portugues Duque de Berganza	30
Mas pueden celos que amor	97
Mayor (el) prodigio	9 u. 102
Mayor (la) desgracia del Emperador Cárlos	26
Mayor (la) vitoria de Alemania	26
Mayor (la) vitoria de Alemania y Don Gonzalo de Córdoba	26
Mayor (la) hazaña de Alejandro Magno	33
Mayordomo (el) de la Duquesa de Amalfi	44
Mayor (el) imposible	54
Mayor (la) virtud de un rey	73
Mayor (la) vitoria	97
Mayorazgo (el) dudoso	50
Mejor (el) mozo de España	19
Mejor (el) alcalde el rey	28
Mejor (el) maestro el tiempo	50
Melindres (los) de Belisa	90
Milagro (el) por los zelos	18
Milagros (los) del desprecio	56
Mirad á quien alabais	97
Mocedad (la) de Roldan	42
Mocedades (las) de Bernardo del Carpio	14
Molino (el)	73
Moza (la) de cántaro	91
Mudable (la)	91
Mudanzas (las) de fortuna y sucesos de Don Beltran de Aragon	95
Muertos (los) vivos	52
Mugeres (las) sin hombres	40
Muza furioso	28
Nacimiento (el) de Cristo	34
Nacimiento (el) del Alba	34
Nacimiento (el) de Urson y Valentin	42
Nadie se conoce	79
Nardo Antonio Bandolero	96
Necedad (la) del discreto	98
Nero cruel	30
Niña (la) de plata	18
Niño (el) diablo	43
Niño (el) pastor	81
Niño (el) inocente de la Guardia	101
No son todos ruyseñores	46
Novios (los) de Hornachuelos	17
Noche (la) de San Juan	83

	Seite
Noche (la) Toledana	55
Nuestra Señora de la Candelaria	102
Nueva (la) vitoria del Marques de Santa Cruz	26
Nuevo (el) mundo descubierto por Cristóbal Colon	25
Nuevo (el) Pitagoras	47
Nunca mucho costó poco	9
Obedencia (la) laureada y primer Cárlos de Ungría	86
Obras son amores	76
Ocasion (la) perdida	74
Octava (la) maravilla	47
Paces (las) de los reyes y la judía de Toledo	17
Padrino (el) desposado	36
Paje (el) de Don Alvaro	18
Palacios (los) de Galiana	42
Palacio (el) confuso	54
Pastor (el) fido	81
Pastoral (la) de Jacinto	80
Pastoral (la) de la siega	81
Pastoral (la) encantada	81
Pastoral (la) de los celos	81
Pastoral (la) de Albania	81
Pedro Carbonero	25
Pedro de Urdimales	96
Peña (la) de Francia	28
Peligros (los) de ausencia	74
Perdicion (la) de España	28
Perro (el) del hortelano	56
Peribañez y el Comendador de Ocaña	17
Piadoso (el) Veneciano	85
Piadoso (el) Aragones	18
Piedad (la) ejecutada	87
Pleito (el) por la honra	17
Pleytos (los) de Inglaterra	47
Pobreza (la) estimada	84
Pobreza (la) de Reynaldos	42
Pobreza no es vileza	26
Poder (el) vencido y el amor agradecido	75
Ponces (los) de Barcelona	50
Poncella (la) de Orleans	32
Poncella (la) de Francia	33
Por la puente Juana	71
Porceles (los) de Murcia	50
Porfía (la) hasta el temor	84
Porfiando vence amor	97
Porfiar hasta morir	28
Portuguesa (la)	48
Portuguesa (la) y la dicha del forastero	48
Postrer (el) Godo de España	11
Postrero (el) gozo de España	28
Prados (los) de Leon	13
Premio (el) del bien hablar	71
Premio (el) de la hermosura	41

	Seite
Primero (el) Medicis	32
Primera (la) informacion	38
Primer (el) Rey de Castilla	11
Primer (el) Fajardo	15
Príncipe (el) despeñado	15
Príncipe (el) Escanderbeg	33
Príncipe (el) perfeto I	29
Príncipe (el) perfeto II	29
Prision (la) de Muza	28
Prision (la) de los Bencerrages y embidia de la nobleza	22
Prision (la) sin culpa	50
Prodigio (el) de Etiopia	47
Profetisa (la) Casandra	41
Prudencia (la) en el castigo	53
Prueba (la) de los amigos	82
Prueba (la) de los ingenios	44
Psýques y Cupido	41
Querer la propria desdicha	74
Quien bien ama, tarde olvida	89
Quien ama, no haga fieros	92
Quien mas no puede	35
Quien todo lo quiere	98
Quinta (la) de Florencia	44
Ramires (los) de Arellano	18
Ramilletes (los) de Madrid	54
Remedio (el) en la desdicha	44
Resistencia (la) honrada	86
Rey (el) Wamba	11
Rey (el) Don Sebastian	30
Rey (el) sin reyno	32
Rey (el) de Frisia	33
Reyna (la) Maria	18
Reyna (la) Juana de Nápoles	32
Reyna (la) de Lésbos	33
Robo (el) de Dina	33
Roma abrasada	30
Romulo y Remo	32
Roncesvalles	43
Rufian (el) Castrucho	85
Rústico (el) del cielo	101
Ruyseñor (el) de Sevilla	78
Saber (lo) por no saber y vida de San Juan	101
Saber (el) puede dañar	97
Salida (la) de Egipto	34
San Adrian y Natala	102
San Agustin	101
San Andrés Carmelita	101
San Antonio de Padua	102
San Diego de Alcalá	101
San Isidro labrador de Madrid	101
San Julian de Cuenca	102
San Martin	102
San Nicolás de Tolentino	100
San Pablo, vaso de eleccion	102

	Seite
San Segundo de Avila	101
San Tirso de España	102
San Tomás de Aquino	102
Santa Brigida	102
Santa Casilda	102
Santa (la) Liga	26
Santa Polonia	102
Santa Teodora	102
Santiago el verde	83
Santo (el) Negro Rozambuco	101
Saracines y Aliatares	28
Secretario (el) de sí mismo	55
Segundo de Urson	43
Segunda parte del gran Cardenal de España Don Gil de Albornez	102
Selvas y bosques de amor	79
Sembrar (el) en buena tierra	76
Serafin (el) humano	100
Serrana (la) de La Vera	51
Serrana (la) de Tórmes	51
Servir á buenos	48
Servir á señor secreto	73
Servir (el) con mala estrella	45
Si no vieren las mugeres	74
Siete (los) Infantes de Lara	14
Sol (el) parado	15
Soldado (el) amante	78
Sortija (la) del olvido	75
Sufrimiento (el) de honor	94
Tellos (los) de Meneses I	13
Tellos (los) de Meneses II	13
Templo (el) de Salomon	34
Testigo (el) contra sí	74
Testimonio (el) vengado	36
Tirano (el) castigado	86
Toma (la) de Longo por el Marques de Santa Cruz	28
Torneos (los) de Aragon	50
Trabajos (los) de Jacob	33
Trabajos (los) de Jacob sueños ay que verdad son	33

	Seite
Tragedia (la) del Rey Don Sebastian y Bautismo del Príncipe de Maruecos	30
Tres (los) diamantes	43
Triunfo (el) de la humildad y soberbia abatida	97
Ultimo (el) Godo de España	11
Valiente (el) Cespédes	95
Valiente (el) Juan de Heredia	95
Valiente (el) Jacobin	32
Valor, lealtad y ventura de los Tellos de Meneses I	13
Valor, lealtad y ventura de los Tellos de Meneses II	13
Valor (el) de las mugeres	53
Vaquero (el) de Moraña	36
Varona (la) Castellana	37
Vaso (el) de eleccion	102
Vengadora (la) de las mugeres	76
Venganza (la) venturosa	86
Venganza (la) de Gayferos	43
Ventura (la) sin buscalla	47
Verdad (la) sospechosa	79
Verdadero (el) amante	80
Ver y no creer	9
Vellocino (el) de oro	40
Vida (la) de San Pedro Nolasco	101
Vida y muerte del Santa Negro, llamado San Benedicto de Palermo	101
Vida y muerte del Rey Wamba	11
Virtud, pobreza y muger	85
Vitoria (la) de la honra	94
Vitoria (la) del Marques de Santa Cruz	26
Viuda (la) de Valencia	56
Viuda (la) Valenciana	56
Viuda, casada y doncella	77
Villano (el) en su rincon	86
Villana (la) de Xetafe	56
Zegries y Bencerrages	22
Zelos (los) de Rodamonte	43

Druckfehler.

Seite	2	lies	Wolf statt Wolff.
„	4	„	tragedia statt tragedía.
„	9	„	prodigio statt prodígio.
„	15	„	Francia statt Fráncia.
„	16	„	Estefania statt Estefánia.
„	17	„	novios statt nóvios.
„	26	„	aquí statt aqui.
„	26	„	Belardo, das statt Belardo des.
„	30	„	agravio statt agrávio.
„	30	„	Sebastian statt Sebástian.
„	31	„	Horacio statt Horácios.
„	56	„	Schack statt Sckack.

Eine besondere Arbeit über die Klassifikation der Comedias von Lope de Vega ist meines Wissens bis jetzt nirgends erschienen. Wir finden nur vereinzelte, teilweise kurze, teilweise eingehendere Abhandlungen über diesen Gegenstand bei einigen Kennern des spanischen Dramas im gemeinsamen Zusammenhange der Darstellung der spanischen Literatur oder in einigen Biographien des grossen Dichters.

Dieses verhältnismässig Wenige im Vergleich zu der ungeheuren Menge der Komödien Lope de Vegas ist oft auch noch sehr dürftig im Sinne unseres Themas behandelt. Bei denjenigen, die über die Klassifikation der Komödien geschrieben haben, finden wir eine geringe Anzahl Stücke besprochen und dann sind es vielfach die bekannteren und immer bei den einzelnen Verfassern dieselben.

Erst Graf Schack hat in seinem geistreichen und unschätzbaren Werke: Geschichte der dramatischen Kunst und Literatur in Spanien 3 Bde., Frankfurt a./Main 1845, sich das grosse Verdienst erworben, das Publikum mit einer grossen Anzahl von bisher unbekannten Stücken Lope de Vegas bekannt gemacht zu haben, obwohl wegen des Mangels an Raum, da in dem Verlauf der Darstellung der Verfasser sich nicht zu eingehend mit der Einteilung nach den Stoffen beschäftigen konnte, manches zu ergänzen ist. Aus dem Dargebotenen aber wird sich jeder Leser einen Begriff von der Phantasie und Fruchtbarkeit unseres Dichters machen können und einen Einblick in seine dramatische Thätigkeit gewinnen.

Die Dürftigkeit der Bearbeitung bei den Abhandlungen, die vor Graf Schacks Werke erschienen, lässt sich aus der Schwierigkeit erklären, sich in den Besitz der Werke Lope de Vegas zu setzen. Die Seltenheit der einzelnen Bände und oft die Unmöglichkeit, sich dieselben zu verschaffen, mag manchen abgeschreckt haben, sich mit der Ergänzung in betreff der Einteilung nach den Stoffen zu beschäftigen.

Durch meinen verehrten Lehrer, Herrn Prof. Dr. Karl Vollmöller auf dieses Thema hingewiesen und dazu angeregt, einen derartigen Versuch zu unternehmen, habe ich mich veranlasst gefühlt, die folgende Arbeit abzufassen.

Das Vorhandensein von 26 Bänden der grossen Gesammtausgabe der Comedias famosas von Lope de Vega Carpio, Madrid, Barcelona, Zaragoza etc. 1604—1647 bis auf Band XXIV, Madrid 1640 und Band XXIV, Zarogoza 1633 [1]) auf der Königlichen Bibliothek in Berlin aus der Bibliothek des verstorbenen Dr. Ludwig Braunfels in Frankfurt a./M. und die ergiebige Literatur für diesen Zweck auf der hiesigen hat mich in die glückliche Lage versetzt, recht ausgedehnt den Stoff zu verarbeiten.

Ich hoffe, diese Einteilung nach den verschiedenen Stoffen ausserordentlich zu ergänzen und eine sehr grosse Anzahl noch unbekannter Stücke besprechen zu können. Eine Quellenuntersuchung beabsichtige ich nicht zu geben, doch habe ich es nicht unterlassen, wenn ich zu diesbezüglichen Resultaten durch mein Studium ausserdem gekommen bin, darauf hinzuweisen. Es kann ferner selbstverständlich bei der Menge der behandelten Stücke (330) nicht meine Absicht sein, mich eingehend mit dem Inhalte zu beschäftigen; doch einige ausgezeichnete Stücke habe ich nicht unterlassen können, zu analysieren. Bei den übrigen habe ich mich mit einem ganz kurzen Hinweis auf den Inhalt begnügt. Ein zweiter Teil dieser Arbeit, der später erscheinen wird, soll eine Reihe von eingehenden Inhaltsangaben, die mir von besonderer Wichtigkeit zu sein scheinen, mit einer eingehenden Besprechung hinzufügen.

Was die Literatur anbetrifft, so ist dieselbe in der Vorrede bei Graf Schack, Bd. I besprochen worden und Ferd. Wolff in seinen Studien zur Geschichte der Spanischen und Portugiesischen Nationalliteratur, Berlin 1859, hat sie ergänzt. Vgl. ebend. S. 562 ff.

J. L. Kleins Geschichte des Dramas, Bd. IX und X, Leipzig 1874, giebt eine Reihe von Analysen Lopescher Dramen, deren Behandlungsart aber eine solche eigentümliche ist, dass man sie nicht gut verwerten kann, weil sie nämlich nicht streng wissenschaftlich ist. Der Verfasser gefällt sich, abgesehen von der effekthaschenden Sprache, in manchmal geradezu überspannten und unverständlichen Ausdrücken.

Die bisherigen Einteilungsversuche sind folgende:

I. Signorelli: vgl. S. 71 „I drammi di Lope consistono in commedie, tragicommedie, pastorali, tramezzi e atti sacramentali,

---

1) La intencion castigada. — Die bestrafte Absicht, gedr. Bd. XXII, Bl. 239, ist nicht vollständig erhalten in dem betreffenden Bande. Ich habe es nicht berücksichtigt.

tutti in versi, a riserba della Dorotea già nominata voluminosa novella in dialogo scritta in prosa per leggersi e non per rappresentarsi etc.". Wie man sieht, eine kurze Einteilung sämmtlicher Stücke Lopes. Verkehrt ist die Sonderung der tragicommedie und pastorali von der Komödie. Die letzteren fallen unter den Begriff Komödie und sind auch von Lope de Vega stets so betitelt wie z. B. La Arcadia im XIII. Bde. der grossen Gesammtausgabe. Eine strenge Scheidung von Komödie und Tragikomödie ist ebenfalls nicht möglich, da in vielen Stücken das Komische mit dem Ernsten verbunden ist. Ueberhaupt ist eine solche Einteilung nach dem rein Aeusserlichen nicht zu billigen.

II. Bouterwek, S. 369: „Man unterscheidet seit dieser Zeit (Lope de Vega) erstens geistliche und weltliche Komödien (Comedias divinas y humanas). Die weltlichen Komödien teilte man wieder in heroische Stücke (Comedias heroycas), die ursprünglich Einerlei mit den historischen waren (in der Folge wurden auch mythologische und ähnliche Schauspiele so genannt) und in Mantel- und Degenstücke (Comedias de capa y espada) oder Komödien aus der Sphäre des eleganten Lebens nach der Sitte jener Zeit im damals üblichen Kostüm. Späterhin hob man unter diesen Mantel- und Degenstücken eine Untergattung hervor, die man Figurir-Stücke (Comedias de figuron) nannte, weil in ihnen ein windiger Glücksritter, der sich für einen grossen und reichen Herrn ausgiebt, oder eine diesem ähnliche Dame die Hauptrolle spielt. Die geistlichen Komödien theilt man seit Lope de Vega in dramatisierte Lebensläufe der Heiligen (Vidas de Santos) und in Frohnleichnams-Stücke (Autos sacramentales)".

Und weiter unten: „Endlich schlossen sich an diese verschiedenen Gattungen von spanischen Komödien seit Lope de Vega die kleinen Vorspiele oder Empfehlungs-Stücke (Loas) und die Zwischenspiele (Entremeses), die zwischen das Vorspiel und die Haupt-Komödie eingeschoben wurden und gewöhnlich mit Musik und Tanz begleitet wurden (Saynetes)".

III. Sismondi, S. 500: schreibt einfach Bouterwek ab.

IV. Holland, I, 149, 205, 207, 209: Ein ganz geringer Hinweis auf die Einteilung.

V. Schlegel, III, 351 ff.: Er erwähnt einige historische Stücke und solche, die die Sitten der damaligen Zeit schildern.

VI. Lista, S. 153 ff.: „Los géneros de drama que escribió Lope de Vega fueron los siguientes:
1. el de costumbres.
2. las comedias de intriga amorosa ó comedias de capa y espada. Esta comedia de intriga llamada entónces de

capa y espada y que en el dia pudieran llamarse tambien comedia novelesca, es el drama ó género de drama que mas se cultivó por nuestros cómicos antiguos y en el sobresalió mucho Lope de Vega.
3. las comedias pastoriles.
4. la comedia heróica ó de sucesos verdaderos ó de sucesos creidos verdaderos.
5. la tragedía.
6. la mitológica: per lo general son comedias de teatro.
7. Las de santos: tambien de apariciones teatrales etc.
8. la filosófica ó ideal, en que se conoce la intencion de desenvolver alguna maxima de moral universal".

Zu beachten ist ferner S. 191: „En las lecciones anteriores hemos hablado de los diversos géneros de comedias que cultivó Lope de Vega, restándome hoy solo las llamadas históricas, las mitológicas y las de santos que procedieron á las de magica y eran entónces las únicas que se podian llamar de teatro ó de grande espectáculo. Sus asuntos eran ó mitológicos ó de santos y en ellas habia apariciones vuelos, transformaciones y tramoyas[1]) y por eso se les daba antiguamente el nombre de comedias de tramoya".

Er meint diejenigen pomphaften Aufführungen, die zum Ruhm und zur Verherrlichung des regierenden Fürsten mit grossem Gepränge aufgeführt wurden und auch unter dem Namen „fiestas" bekannt sind.

VII. Ticknor, I, 569: Der Verfasser spricht hier:
1. von Schäfergedichten,
2. teilt er ein in Comedias de capa y espada, S. 577 ff.;
3. in Helden- oder geschichtliche Schauspiele (comedias heróicas, comedias historiales) S. 587. Diese Gruppe behandelt er, was die Einteilung anbetrifft, noch näher, indem er auf einige Unterabteilungen eingeht.
4. Schauspiele, die auf das gewöhnliche Leben gegründet sind und die Verhältnisse der niedrigen Stände behandeln S. 600 ff. Er nennt sie weiter unten S. 601: Häusliche Schauspiele.

Diese 4 ersten Gruppen bilden die Unterabteilungen zu der Hauptgruppe der weltlichen Schauspiele.

Eine zweite grosse Hauptgruppe bilden die geistlichen Schauspiele, die wieder in Unterabteilungen zerfallen:
1. Religiöse Schauspiele S. 606 ff.

---

1) Bühnenmaschinerie.

2. Bibelstoffe S. 608.
3. Leben der Heiligen S. 609 ff. (Comedias de Santos).
4. Opferdarstellungen (Autos sacramentales) S. 612 ff.

VIII. Rosenkranz, S. 596: Eine allgemeine Einteilung der spanischen Schauspiele überhaupt, die mit Bouterwek im grossen Ganzen übereinstimmt. Weiter unten S. 602 ff. teilt er in richtiger Weise nach dem Vorbilde Schacks folgendermassen die Comedias von Lope ein:

1. Aeltere und jüngere Geschichte Spaniens.
2. Dramen, die Privatinteressen behandeln, aber auf dem Boden der nationalen Geschichte stehen.
3. Geschichte anderer Völker.
4. Biblische und portugiesische Geschichte.
5. Deutsche Geschichte.
6. Karolingische Ritterwelt.
7. Römische Geschichte.
8. Italienische Novellisten.
9. Dramatisierte Novellen.
10. Romantische Lustspiele.
11. Politische Stoffe.
12. Plautinisch-Terenzianische Stoffe.
13. Schäferspiele.
14. Dramatisierte Legenden.

Einige Gruppen wie No. 11, 12, 14 sind von dem Verfasser selbst aufgestellt.

IX. Lemcke, S. 187: Einteilung des spanischen Dramas überhaupt. S. 189: Einteilung der Dramen Lope de Vegas:

1. Stoffe aus der spanischen Nationalgeschichte:
    a) Heroische Dramen.
    b) Romanzenstoffe.
    c) Spätere spanische Geschichte.
2. Stoffe der ausländischen Geschichte.
3. Stoffe aus dem Altertum.
4. Mythologische Stoffe.
5. Stoffe aus den Ritterromanen.
6. Stoffe aus italienischen Novellen.
7. Romantische Schauspiele.
8. Lustspiele und Intriguenstücke.
9. Religiöse Dramen.

X. Eichendorff, S. 42 ff.: Der Verfasser macht zwei Hauptgruppen und verwirft vollständig die Einteilung nach den spanischen Bezeichnungen comedias de capa y espada etc.; ebenso spricht er

gegen die Einteilung vom ästhetischen Standpunkt aus in Trauerspiele und Lustspiele. Er teilt ein:
1. Weltliche Stücke,
2. Geistliche Stücke.

Er sagt darüber: „Man kann vielmehr dieses unermessliche Repertoir nur nach seinem wesentlichen Inhalt in weltliche und geistliche Schauspiele abteilen, indem man zu jenen die Mantel- und Degenstücke, sowie die mehr geschichtlichen, heroischen Dramen mit ihren obligaten Nebengeschichten und Zwischenspielen (Entremeses, Farsas, Sainetes, Egloges etc.); und zu den geistlichen die biblischen oder legendarischen Darstellungen und die eigentlichen Frohnleichnamsspiele (Autos sacramentales) rechnet, auf welche wir weiter unten noch zurückkommen".

XI. Lafond, S. 155: „On peut diviser le théâtre de Lope de Vega en trois classes distinctes:
1°. Les comédies d'intrigue, ou de cape et d'épée, toutes d'inventions et pleines d'un intérêt vif, sinon profond etc.
2°. Les comédies et drames héroiques; ces pièces sont, pour la plus grande partie, tirées des ballades et chroniques espagnoles" etc.

Und ferner S. 156:
3°. „Les comédies ou drames religieux, appelés en Espagne Comedias de Santos" etc.

XII. Dohm, S. 314: teilt, trotzdem er Schacks Werk gelesen hat, nach der alten Art und Weise in zwei Hauptgruppen:
1. Weltliche Komödien (humanas)
2. Geistliche Komödien (divinas).

Die erstere teilt er wiederum:
a. in Comedias de capa y espada.
b. Heldenschauspiele: comedias heróicas.

Er setzt hinzu: „Später gingen aus den Mantel- und Degenstücken noch eine untergeordnete Gattung, die ›Comedias de figuron‹ hervor, in denen die Thaten irgend eines Glücksritters oder einer Abenteurerin dargestellt werden" (Bouterwek!). Er giebt dann allerdings zu, dass sich diese Teilung nicht immer scharf durchführen lasse. Die geistlichen Komödien teilt er ein in:
a. Geschichten der Heiligen.
b. Autos sacramentales.

XIII. Carriere, S. 397 ff.: Die Einteilung ist eine Anlehnung an die Graf Schacks:
1. Geschichte und Sage der Spanier.
2. Ausserspanische historische Stoffe.

3. Dialogisierte Romane.
4. Stoffe nach italienischen Novellen.
5. Ritterbücherstoffe.
6. Romantische Darstellungen in Anschluss an historische Namen.
7. Biblische Erzählungen.
8. Antike Mythe.
9. Heiligenlegenden.
10. Poetische Lustspiele.

XIV. Vapereau, S. 2022 und 2023: „deux grandes classes:
1. les unes ont pour sujet des faits empruntés soit à la fable, soit à l'histoire sacrée, profane ou chevaleresque.
2. les autres ont des sujets d'invention et sont le produit de la fertile imagination de l'auteur".

XV. Kressner, Einleitung p. X:
1. Komödien de capa y espada.
2. Spanische Geschichte.
3. Spanische Sage.
4. Antike Sage.
5. Sagenkreise des Mittelalters.
6. Italienische Novellen.
7. Ausländische Geschichte.

Die religiösen Schauspiele stellt er allein, wozu er auch die biblischen Stoffe rechnet, wie z. B.: „Historia de Tobías" und „La hermosa Estér".

Aus dieser Zusammenstellung der Versuche einer Klassifikation ersieht man, dass die betreffenden Verfasser nach zwei verschiedenen Gesichtspunkten geteilt haben. Die einen haben die alten Bezeichnungen festgehalten und danach rein äusserlich die Gruppen benannt wie Comedias de capa y espada etc., die anderen haben rein stofflich klassifiziert. Besonders noch findet man eine Vereinigung dieser beiden Gesichtspunkte, in welchen Fällen die Einteilung nicht klar und auch oft der Gebrauch und die Auffassung der alten Ausdrücke ungenau ist.

Es möge an dieser Stelle eine Besprechung der Ansicht Graf Schacks Platz finden, die er Bd. II, 89—107 des oben erwähnten Werkes entwickelt. Der Verfasser hat sich das Verdienst erworben, die vielen Irrtümer, die eine falsche Auffassung der spanischen Bezeichnungen hervorriefen, aufgeklärt zu haben, so dass man eine Einteilung nach den alten Namen verwerfen muss. Fest steht demnach blos die Einteilung sämmtlicher Stücke Lope de Vegas in Comedias, Autos, Loas und Entremeses, Begriffe, welche heutzutage noch für das alte spanische Theater berechtigt, ganz scharf von einander geschieden sind. In dem ferneren Verlauf der Abhandlung beweist Graf Schack die falsche Verwendung der Begriffe wie comedias de capa y espada, de ruido, comedias divinas y humanas etc. zur Einteilung der Komödien und es ist selbstverständlich, dass wir uns seiner Ansicht vollständig anschliessen.

Graf Schack teilt demnach folgendermassen ein. Bd. II, 265 ff.:
I. Gruppe: **Spanische Geschichte und Sage.**
II. Gruppe: **Erdichtete Dramen, an historische Begebenheiten angeknüpft.** S. 315 ff.
III. Gruppe: **Portugiesische Geschichte.** S. 317 ff.
IV. Gruppe: **Geschichte anderer Völker.** S. 319 ff.
V. Gruppe: **Alttestamentliche Geschichte.** S. 320.
VI. Gruppe: **Mythologische Stoffe.** S. 327.
VII. Gruppe: **Sagenkreise des Mittelalters.** S. 328 ff.
VIII. Gruppe: **Novellen der Italiener und Spanier.** S. 330 ff.
IX. Gruppe: **Dramatische Novellen.** S. 338 ff.
X. Gruppe: **Sentimentale Familiengeschichten.** S. 360 ff.
XI. Gruppe: **Lustspiele.** S. 363 ff.
XII. Gruppe: **Schäferspiele.** S. 381.

Ausser diesen 12 Gruppen stellt Graf Schack II, 360 eine Reihe von Comedias zusammen, die er nicht gerade für sich zu betrachten scheint, die er aber einer besonderen Betrachtung wert hält. Ich werde im Verlauf der Abhandlung prüfen, unter welche Gruppen ich sie verteilen kann.

Ich möchte nun folgende Gruppen aufstellen, indem ich meiner Einteilung die des Grafen Schack zu Grunde lege.
1. *Spanische Geschichte und Sage.*
2. *Ausserspanische Geschichte.*
3. *Biblische Stoffe.*
4. *Erdichtete Stoffe in Anlehnung an historische Personen oder Umstände.*
5. *Mythologische Stoffe.*
6. *Sagenkreise des Mittelalters.*
7. *Novellen der Italiener und Spanier.*
8. *Dramatisierte Novellen.*
9. *Lustspiele.*
10. *Schäferspiele.*
11. *Schicksalsdramen.*
12. *Sittengemälde oder Zeitbilder.*
13. *Romantische Schauspiele.*
14. *Charakterdramen.*

15. *Haus- und Familienstücke.*
16. *Biographische Schauspiele.*
17. *Didaktische Stoffe.*
18. *Legendenstoffe.*
19. Die *Comedias de Santos* werde ich wie Graf Schack anhangsweise hinzufügen, da sie innerhalb der Comedias eine selbständige Stellung einnehmen. Ich behandele dieselben nur kurz, um der Arbeit einen abschliessenden Charakter zu verleihen [1]).

Infolge der eigenartigen Beschaffenheit der Komödie Lope de Vegas hinsichtlich der Reichhaltigkeit der Stoffe und der Ungebundenheit der Darstellung, Charakterzüge, die erst der grosse Dichter dem spanischen Theater durch seine Fruchtbarkeit verlieh, wie er über-

---

1) Am Tage meiner mündlichen Prüfung erschien: Ad. Schaeffer: Geschichte des spanischen Nationaldramas. 2 Bde, Leipzig 1890. Der Verfasser bespricht ebenda Bd. I, 82 ff. eine Reihe von Komödien Lope de Vegas, die er ohne einheitlichen Gesichtspunkt hinter einander reiht. Er widmet der Einteilung der Komödien nach den verschiedenen Stoffen keine besondere Erörterung, sondern führt nur mit ein paar einleitenden Bemerkungen die einzelnen Stücke ein. Ich werde die Literatur zu den betreffenden Dramen an Ort und Stelle nachtragen. Unberechtigt ist es, dass er die Stücke, die Bibelstoffe behandeln, zu den geistlichen Dramen rechnet. Die letzteren nehmen eine besondere Stellung für sich ein und sind wesentlich die Comedias de Santos. Auch die Autos dürfen nicht hierhergestellt werden, weil sie die Vertreter einer ganz besonderen Gattung des spanischen Dramas sind.

Nicht in meine Arbeit einreihen liessen sich die von Schaeffer behandelten folgenden Stücke, weil ich sie einerseits nicht im Druck einsehen konnte, andererseits dieselben aus der Inhaltsangabe den Gruppen nicht mit Genauigkeit zugeteilt werden konnten. Ich verzeichne dieselben gleich an dieser Stelle, um sie der Vollständigkeit halber, was die Literatur über die einzelnen Stücke betrifft, in dieser Arbeit an geeigneter Stelle zu berücksichtigen.

1. El jardin de Vargas (La gata de Mari Ramos). ebenda I, 119.
2. El hijo sin padre. ebenda I, 120.
3. Nunca mucho costó poco. ebenda I, 119*).
4. Mas vale salto de Mata que ruego de buenos. ebenda I, 119.
5. El buen vecino. ebenda I, 122.
6. Ver y no creer. ebenda I, 122.
7. El infanzon de Illescas. ebenda I, 125.
8. La honra por la muger. ebenda I, 147.
9. El desden vengado. ebenda I, 173.
10. El mayor prodigio. ebenda I, 201.

---

*) *gedr. Bd. XXII. Zaragoza 1630.* Nach Schack von Alarcon, während es in dem betreffenden Bande der grossen Gesammtausgabe Lope de Vega zugeschrieben ist.

haupt in einem gewissen Sinne der Begründer des spanischen Nationaltheaters genannt werden kann, ist es nicht möglich, ganz klar und bestimmt zu behaupten, das und das Drama gehört in die oder die Gruppe. Vermöge der Mischung des heiteren und ernsten Elementes, die sich immer in den spanischen Komödien zusammen vereinigt finden, ist es nicht möglich, streng zwischen Lust- und Schauspiel oder Trauerspiel zu unterscheiden, sondern man kann sie blos in grossem Ganzen präzisieren und wenn wir überhaupt von einem Lustspiel reden, so geschieht dies im spanischen Sinne. Auch kommt es vor, dass ein Stück in Gestalt eines Lustspiels eine Moral zur dramatischen Geltung bringen will, so dass man das betreffende Stück sowohl in die eine als auch in die andere Gruppe bringen könnte; so kann sich im Lustspiel vieles vorfinden, was dazu berechtigt, das betreffende Drama in die Klasse der Sittengemälde oder unter die Stoffe, welche sich in dem Rahmen häuslicher Verhältnisse bewegen, zu setzen und ich will absolut nicht behaupten, dass sich gewisse Comedias nicht anders hätten klassifizieren lassen. Doch der Zweck dieser vorliegenden Arbeit neben dem, eine Reihe noch nicht bekannter, noch nirgends neu gedruckter und niemals analysierter Stücke Lope de Vegas der wissenschaftlichen Welt bekannt zu machen, ist ja auch der, von einem einheitlichen Gesichtspunkte aus die grosse Zahl der schon behandelten und nicht behandelten Komödien zu klassifizieren und zwar soll das überwiegende Charakteristikum für jedes einzelne Stück den Ausschlag geben, wohin es zu setzen ist.

I. Gruppe.

Spanische Geschichte und Sage.

Hierher gehören diejenigen Stücke, welche von Anfang der spanischen Geschichte bis in die Zeit Lope de Vegas (1562—1635) geschichtliche Stoffe behandeln. Teilweise gehen diese Stoffe auf alte Chroniken oder Romanzen zurück, die sich im Volksmunde lange erhalten hatten und die wir in einer grossen Anzahl von Sammlungen besitzen. In rein historische und sagenhafte Romanzenstoffe können wir diese Komödien nicht teilen, weil sich einerseits nicht feststellen lässt, was historisch, was sagenhaft ist, anderseits beide Elemente in den meisten Stücken vermischt vorkommen. Ich will versuchen, sie vom chronologischen Standpunkte aus zu ordnen [1]). Vgl. zu dieser ersten Gruppe Schack II, 265—315.

1. **La amistad pagada.** — Die bezahlte Freundschaft.
vgl. Grillparzer VIII, 187; Rapp, Anhang S. 438; Perron III, 1 ff.; Enk S. 51 ff.; Kressner: Einleitung; Schack II, 265. Aus der Zeit der römischen Herrschaft haben wir die Kämpfe der alten Cantabrer gegen die römische Uebermacht in „la amistad pagada". *gedr. Bd. I, Bl. 240 ff. Valladolid 1604.*

2. **El Rey Wamba.** — König Wamba.
Vida y muerte del Rey Wamba ist dasselbe Stück.
vgl. Grillparzer VIII, 179; Dohm S. 317; Ticknor I, 596; Lemcke III, 189; Perron II, 88; Enk S. 32. Uebersetzt ist das Stück von Rapp III, 15 und Halm; Kressner: Einleitung; Klein IX, 639 ff., X, 1 ff.; vgl. Duran: Romanzen über König Wamba I, 397 u. 398; Schack II, 265: „Anarchische Bewegungen des schon den Einsturz drohenden Gothenreiches". *gedr. Bd. I, Bl. 91 ff. Valladolid 1604.*

3. **El último Godo de España.** — Der letzte Gothe Spaniens.
El postrer Godo de España ist dasselbe Stück.
vgl. Grillparzer VIII, 295; Ticknor I, 587; Kressner: Einleitung; Montiano S. 56; Rosenkranz S. 602; Schack II, 305; vgl. Duran I, 398—411a: Romanzengruppe über König Rodrigo: Schack II, 265: „... Verrat des Grafen Julian, den Untergang des Rodrigo und den Sieg der mohammedanischen Waffen". *gedr. Bd. VIII, Bl. 115. Barcelona 1617. Unter dem Titel: El postrer Godo de España. Bd. XXV, Bl. 369. Zaragoza 1647.*

4. **El primer Rey de Castilla.** — Der erste König von Kastilien.
fällt in die Zeit der Neugründung der christlichen Reiche unter Alfonso V. 999—1027. Historisch ist sein Tod in dem ersten Akte bei der Belagerung von Viseo durch einen Pfeil. Die Handlung ist folgende: Alfonso V. von Leon giebt seine Schwester Teresa trotz ihres Widerspruches dem Maurenfürsten Abdallah zur Frau. Der aus Kastilien vertriebene Fernan Lainez spielt mit dem Mauern Amir die Zwischenhälter. Als der Maurenkönig in der Nacht bei der Infantin in die Rechte eines Gatten treten will, erscheint ein Engel des Himmels und errettet die Fürstin vor den Angriffen ihres ihr

---

[1] Die angeführten Stellen des Druckortes mit blosser Angabe des Bandes und der Nummer des Blattes sind aus der grossen Gesamtausgabe 1604—1647.

aufgedrungenen Gatten, der von innerem, glühenden Feuer verzehrt wird und seinen Geist aufgiebt. Sodann folgt der Zug Alfonsos gegen Viseo und sein Tod. Bermudo III. folgt seinem Vater auf dem Throne nach. Vgl. Schäfer: Geschichte Spaniens, Bd. II, 278 ff.

Der zweite Akt zeigt uns die haltlosen Zustände der spanischen Reiche. Don Garcia wird aus Rache durch Fernan Lainez und seine drei Neffen ermordet. Hierauf folgt die Vermählung der Doña Sancha, der Schwester Bermudos III. mit Fernando, dem Sohne Sancho Mayors, der als Schwager des gemordeten Grafen Garcia von Kastilien sich schon dieses Reiches bemächtigt hatte. Fernando und Sancho versprechen Donna Sancha, den Mord ihres ersten Gatten zu rächen und durch die Vermittelung des Soldaten Mendo wird Fernan Lainez ergriffen und dem Feuertod überliefert.

Der 3. Akt ist noch weniger zusammenhängend wie die beiden ersten, die eigentlich auch mehr oder weniger in einzelne Bilder zerfallen. Bermudo fällt im Kampfe und Fernando wird König von Leon, Kastilien und Navarra. Die Komödie schliesst mit der Ueberreichung der Schlüssel der Stadt Leon durch den Alkaiden, vor welcher Szene eine Reihe nebensächlicher, Zeit ausfüllender Dinge geschehen. Eine Zigeunerin weissagt Donna Sancha die Zukunft, als sie ihren Gatten von dem Schlachtfelde zurück erwartet. Der heilige Isidor erscheint und teilt dem Maurenkönige von Sevilla und einem christlichen Ritter mit, wo seine Gebeine ruhen u. dgl. m.

Die Handlung hängt nur lose durch den Verlauf der Geschichte zusammen. Es treten eine Menge Personen auf, manche erscheinen im nächsten Akte nicht wieder und neue treten an ihre Stellen. Das Ganze macht den Eindruck einer dramatisierten Geschichtsperiode. Die Charaktere sind scharf und klar gezeichnet. Interessant ist die altertümelnde Sprache des Soldaten Mendo, wodurch wir gleichsam der Zeit der Handlung näher gerückt werden.

Vgl. Schack II, 265; Schaeffer I, 179; Rosenkranz S. 602; Kressner: Einleitung. *gedr. Bd. XVII, Bl. 112. Madrid 1622.*

5. **Las almenas de Toro.** — Die Zinnen von Toro. vgl. Bouterwek S. 371; Schaeffer I, 185; Schack II, 265. Fällt in die Zeit Sanchos des Starken und behandelt: „die Streitigkeiten zwischen Sancho, dem Starken und seinen Schwestern Urraka und Elvira, seine Ermordung durch Bellido Dolfos und als Fahnenträger des kastilianischen Ruhmes den Cid". *gedr. Bd. XIV, Bl. 218. Madrid 1621.*

6. **Las famosas Asturianas.** — Die berühmten Asturierinnen.
behandelt denselben Stoff, aber in anderer Weise, wie das Stück:

Las doncellas de Simáncas. — Die Jungfrauen von Simáncas.
vgl. Schack II, 267; Rosenkranz S. 602; Schaeffer I, 182 ff. Durch die mutigen Worte und das Wesen einer der zum Tribut an den Maurenkönig Abdallah bestimmten Jungfrauen werden die sie begleitenden Ritter angefeuert, die Opfer zu befreien. Die Zeit ist die Alfonsos des Keuschen. *gedr. Bd. XVIII, Bl. 184. Madrid 1623. H. III, 465.*

7. **Las doncellas de Simáncas.** — Die Jungfrauen von Simáncas.

vgl. Schack II, 270 und Inhalt 276; Lemcke III, 189; Kressner: Einleitung; Rosenkranz S. 602; siehe in betreff des Inhaltes No. 6; Schaeffer I, 184.

8. **Los Prados de Leon.** — Die Prados von Leon.

vgl. Schack II, 268. Behandelt den Ursprung und die ersten Thaten des Geschlechtes der Prados von Leon. Fällt ebenfalls in die Zeit Alfons des Keuschen. Der Dichter behandelt die eigentümliche, romantische Geschichte des Findlings Nuño, der, in den Wiesen (prados) von dem König Bermudo gefunden, nachher den Namen Nuño de Prado führen darf. Es ist eins der besten historischen Dramen. Verhältnismässig einfache Handlung ist klar durchgeführt. Die Szenen auf dem Lande sind dem Dichter durch die Poesie der Sprache vorzüglich geglückt. *gedr. Bd. XVI, Bl. 40. Madrid 1622. H. IV, 433.*

9. 10. **Los Tellos de Meneses I und II.** — Die Tellos von Meneses.

Auch unter dem Namen: **Valor, lealtad y ventura de los Tellos de Meneses**; vgl. Schack II, 268; Lafond S. 215; Lemcke III, 189; Vapereau S. 2023; Schaeffer I, 138 ff.; Klein X, 140 ff. Enthält die Begebenheiten des Geschlechtes der Tellos von Meneses zur Zeit Ordoños, des Königs von Leon. *gedr. H. I, 67, p. 1ª und H. I, 561, p. 2ª: Sammelband[1] No. 34 u. 35; Bd. XXI, Bl. 225. Madrid 1635 p. 2ª.*

11. **Los Benavides.** — Die Benavides.
vgl. Schack II, 268 u. 278; Lemcke III, 189; Vapereau S. 2023; Rosenkranz S. 602; Schaeffer I, 188; Klein X, 97 ff.; Grillparzer VIII, 198. Es enthält den Streit der beiden Häuser der Benavides und der Bivares, ausgebrochen wegen der Erziehung des jungen Königs Alfonso von Leon und die wieder hergestellte Eintracht. *gedr. Bd. II, Bl. 152. Lisboa 1612.*

---

[1] Ein seltener Band der Göttinger Bibliothek: 36 Komödien von Lope de Vega enthaltend.

12. **El hijo de Reduan.** — Der Sohn des Reduan.
vgl. Schack II, 270; Rapp, Anhg. S. 438; Grillparzer VIII, 183. Spielt in Granada und dient zur Verherrlichung der Mauren und hat Gomel, den König von Granada, nachdem er seinen Vorgänger ermordet hat, zum Mittelpunkt der Handlung. *gedr. Bd. I, Bl. 141. Valladolid 1604.*

13. **El bastardo Mudarra.** — Der Bastard Mudarra.
vgl. Schack II, 270; Ticknor I, 570; Lemcke III, 189; Montiano S. 56; Grillparzer VIII, 149; Duran I, 439a—457b: Romanzengruppe über die sieben Infanten von Lara; Schaeffer I, 184. Das Stück behandelt die Geschichte der sieben Infanten von Lara[1]). *gedr. Bd. XXIV, Bl. 63. Zaragoza 1641.*

14. **El Conde Fernan Gonzalez.** — Der Graf Fernan Gonzalez.
vgl. Kressner: Einleitung; Rosenkranz S. 602. Auch unter dem Titel: **La libertad de Castilla** — Die Freiheit Kastiliens bekannt; vgl. Ad. Wolf S. 94; Schaeffer I, 181; Schack II, 270 und 271: „schildert die zuerst aufstrebende Grösse und Unabhängigkeit der Grafen von Kastilien, die bisher unter der Lehnsherrschaft von Aragon gestanden". *gedr. Bd. XIX, Bl. 120. Madrid 1624.*

15. **El casamiento en la muerte.** — Die Hochzeit im Tode.
vgl. Schack II, 270 und 273; Lafond S. 168; Lista S. 153; Rapp, Anhg. S. 437; Ticknor I, 597; Lemcke III, 189; Vapereau S. 2023; Kressner: Einleitung; Rosenkranz S. 602; Grillparzer VIII, 185; Schaeffer I, 182. Es behandelt die Geburt Bernardos del Carpio, der ein Sohn der Ximena, der Schwester des Königs Alfonso, des Keuschen ist und seine Auszeichnung; seinen Kampf mit Roland und den Tod seines Vaters im Kerker. *gedr. Bd. I, Bl. 198. Valladolid 1604.*

16. **Las mocedades de Bernardo del Carpio.** — Die jugendlichen Thaten des Bernardo del Carpio.
vgl. Schack II, 270; Ticknor I, 597; Lemcke III, 189; Vapereau S. 2023; Rosenkranz S. 602; Duran I, 417b—439b: Romanzengruppe über Bernardo del Carpio. Ticknor I, 597: „erzählt seine Thaten bis zu der Zeit, wo er das Geheimnis seiner Geburt entdeckt". *gedr. Sammelband No. 24.*

---

[1]) **Los siete Infantes de Lara** ist nicht von Lope de Vega, sondern von Hurtado Velarde. Vgl. Lemcke III, 189; Ticknor I, 597. Es behandelt denselben Stoff wie No. 13 der Abhandlung. *gedr. Bd. V, Bl. 53. Barcelona 1616.*

17. **Bernardo del Carpio en Fráncia.** — Bernardo del Carpio in Frankreich.
vgl. Ticknor I, 597: Lemcke III, 189. Das Stück ist eine Fortsetzung der Erlebnisse des Helden.

18. **El primer Fajardo.** — Der erste Fajardo.
vgl. Schack II, 271 u. 315; Enk S. 208; Grillparzer VIII, 276. Uebersetzt ist das Stück von Rapp III, 95. Es behandelt die Geschichte des Ursprungs derer von Fajardo. Ein Ritter tötet bei der Belagerung von Alorca einen Mauren Abenalfajar und gewinnt dadurch das Recht, diesen Namen seinen Nachkommen zu verleihen. *gedr. Bd. VII, Bl. 169. Barcelona 1617.*

19. **El príncipe despeñado.** — Der herabgestürzte Fürst.
vgl. Schack II, 271 u. 281; Dohm S. 318; Enk S. 222; Kressner: Einleitung; Grillparzer VIII, 279; Rapp, Anhang S. 441: „Eine spanische Lukretia. Eine Guevara wird vom Könige entehrt und der Mann stürzt den König von einem Felsen". *gedr. Bd. VII, Bl. 219. Barcelona 1617.*

20. **La campana de Aragon.** — Die Glocke von Aragon.
vgl. Rosenkranz S. 603; Schack II, 284. „Eine energische Schilderung der Kämpfe zwischen den Aragonesischen Grossen und der königlichen Macht". Doch ist dies eigentlich nur im dritten Akte der Fall. Die beiden ersten Akte enthalten die Besiegung der Mauren durch Alfonso und Pedro. Erst unter dem Mönchskönige Ramiro, dem Bruder der beiden genannten, wagen es die Grossen, sich gegen die königliche Gewalt zu widersetzen. Ausserdem befindet sich eine Liebesgeschichte einer Tochter eines Granden mit einem Don Nuño in dem Stücke, die geschickt mit dem Maurenkriege vereinigt ist. *gedr. H. III, 35, Bd. XVIII, Bl. 208. Madrid 1623.*

21. **La inocente sangre.** — Das unschuldige Blut.
vgl. Schack II, 285; Schaeffer I, 187; Rosa S. 84; Velazquez S. 122; Kressner: Einleitung; Signorelli IV, 72; Montiano S. 47. Das Stück behandelt den Tod der Gebrüder Caravajales, die durch Verrat zum Tode verurteilt und vom Felsen gestürzt werden. *gedr. Bd. XIX, Bl. 44. Madrid 1624. H. IV, 349.*

22. **El sol parado.** — Die still stehende Sonne.
vgl. Schack II, 266: „behandelt die glorreichen Kriegsfahrten Ferdinands des Heiligen". *gedr. Bd. XVII, Bl. 209. Madrid 1622.*

Die idyllische Zusammenkunft des Maestre de Santiago mit der Hirtin ist höchst deutlich und greifbar geschildert. Man begreift heute nicht, wie überhaupt so etwas auf der Bühne gesprochen werden konnte, ohne den Anstand zu verletzen. Jedenfalls wirft es kein gutes Licht auf die Sittlichkeit der damaligen Zeit, wenn derartige Worte von dem Publikum angehört wurden. Ich kann mir nicht versagen, die betreffenden Verse hier anzuführen, welche sich am Schlusse des ersten Aktes in dem Gespräch des Grossmeisters und der Hirtin vorfinden:

„Sino os hallays mal
con que no sea dama
haremos la cama
junto al retamal.
Que aun gracias a Dios
ay ropa lavada,
mejor empleada
que en mi esposo en vos.
Si es alma ygual
nuestro regozijo,
haremos un hijo,
llamar se ha Pasqual".

Und weiter unten: „y por si parieres
como he sospechado,
el hijo ya criado
me daras si quieres.
Vayame a buscar
al Andaluzia".

Und ferner: „Si es hija, estè aqui
que es razon y ley.
Dariame pena,
dalde esta sortija
si es hijo.
y si es hija?
Dalde esta cadena,
no he visto muger
tan necia y hermosa".
etc.

Das Stück hat den Namen von dem Umstande, dass auf Bitten des Grossmeisters die Sonne still steht wie die Sonne von Gibeon, so dass die Mauren geschlagen werden. Es hat keine einheitliche Handlung und ist mehr ein dramatisiertes Geschichtsbild.

23. **La desdicha Estefánia.** — Die unglückliche Stefania. Spielt zur Zeit Alfonsos, des Vaters Sanchos, des Unvergesslichen, ungefähr in der Mitte des 12. Jahrh. und behandelt die unglückliche, tragische Liebesgeschichte des Don Fernan Ruyz de Castro und der Estefania, einer unehelichen Tochter des Alfonso. Historisch sind

die Maurenempörungen in Afrika unter Abd-el-mûmen und der Einfall der Mauren in Spanien unter diesem Herrscher. vgl. Schaeffer I, 93 ff. Das tragische Ende wird durch denselben Umstand herbeigeführt, wie in Shakespeares „Much ado about nothing", wo auch die Dienerin die Rolle ihrer Herrin übernimmt und durch diese List das Unglück des Liebenden herbeigeführt wird. *gedr. Bd. XII, Bl. 240. Madrid 1619.*

24. **El pleito por la honra.** — Der Ehrenhandel.

vgl. Schaeffer I, 95. Eine Fortsetzung des vorigen Stückes. Schicksale des Ruyz de Castro.

25. **La judía de Toledo.** — Die Jüdin von Toledo.

vgl. Schack II, 286; Klein X, 276 ff.: Grillparzer VIII, 269; Dohm S. 319; Rapp, Anhg. S. 440; Fastenrath S. 451: Vapereau S. 2023; Duran II, 4a—12b; Rosenkranz S. 603. Es hat auch den Titel: **Las paces de los reyes y la judía de Toledo,** Schaeffer I. 185 ff. Die Komödie behandelt die tragische Liebesgeschichte zwischen Alfonso VIII. und der schönen Jüdin Rahel. *gedr. Bd. VII, Bl. 99. Barcelona 1617. H. III, 567.*

26. **Los nóvios de Hornachuelos.** — Die Vermählten aus Hornachuelos.

vgl. Perron II, 41; Schaeffer I, 130; Schack II, 288: „schildern die Demüthigung, welche einem hochfahrenden Ricohombre von Estremadura durch König Enrique III. zu Teil wird". *gedr. H. III, 387.*

27. **Peribañez y el comendador de Ocaña.** — Peribañez und der Komthur von Ocaña.

vgl. Schack II, 292; Grillparzer VIII, 214; Rapp, Anhg. S. 437; Vapereau S. 2023; Montiano S. 56. Es ist gleich: **El comendador de Ocaña.** Schaeffer I, 97 ff. *gedr. Bd. IV, Bl. 77. Madrid 1614. H. III, 281.*

28. **Los comendadores de Córdoba.** — Die Komthure von Córdoba.

vgl. Schack II, 292; Ticknor I, 595; Lemcke III, 189; Enk S. 80; Grillparzer VIII, 199; Schaeffer I, 96 ff. *gedr. Bd. II, Bl. 182. Lisboa 1612.*

29. **Fuente-Ovejuna.** — Fuente-Ovejuna.

vgl. Schack II, 292; Lemcke III, 189 ff.; Vapereau S. 2023. Uebersetzt von Schack im „Spanischen Theater". Schaeffer I, 99 ff. *gedr. Bd. XII, Bl. 262. Madrid 1619. H. III, 633.* No. 27—29 gehören zusammen und „sind drei dem Inhalte nach mit einander verwandte Dramen, insofern alle drei die Tyrannei und Ausschweifungen von Comthuren der militärischen Orden zum Gegenstande haben".

30. **La Reina María.** — Die Königin Marie.

vgl. Stzber. S. 241. Gegenstand ist die Erzeugung des berühmten Königs von Aragonien Don Jaime I.

31. **Lo cierto por lo dudoso.** — Das Gewisse für das Ungewisse.

vgl. Schaeffer I, 157; Klein X, 381 ff.; Schack II, 266 und 313: „Beginn des Streites zwischen Peter dem Grausamen und dessen Bruder Heinrich von Trastamara". Sismondi III, 505; Vapereau S. 2023; Rosa S. 183. *gedr. Bd. XX, Bl. 19. Madrid 1620. H. I, 453.*

32. **La carbonera.** — Die Köhlerin.

vgl. Schack II, 311; Soden: Uebersetzt S. 1 ff.; Rosenkranz S. 603; Schaeffer I, 158. Der Stoff beschäftigt sich mit dem Schicksal der Schwester Peters, des Grausamen, vor welchem sie sich als Köhlerin im Gebirge verbirgt, beschützt von ihrem Halbbruder Heinrich von Trastamara. *gedr. Bd. XXII, Bl. 234. Madrid 1635. Bd. XXII. Zaragoza 1630*[1].)

33. **La niña de plata.** — Das Silbermädchen.

vgl. Schack II, 313; Schaeffer I, 145; Grillparzer VIII, 314. Behandelt die verschmähte Liebe Heinrichs von Trastamara zu einem schönen Mädchen in Sevilla. *gedr. Bd. IX, Bl. 103. Barcelona 1618. H. I, 273. Sammelband No. 25.*

34. **Los Ramirez de Arellano.** — Die Ramirez von Arellano.

vgl. Schack II, 266; Grillparzer VIII, 151. Das Stück behandelt den Brudermord auf dem Felde Montiel. *gedr. Bd. XXIV, Bl. 124. Zaragoza 1641.*

35. **El milagro por los zelos.** — Das Wunder durch Eifersucht.

vgl. Kressner, Einleitung; Duran II, 47—65b; Schack II, 266. Sturz des Alvaro Luna. *gedr. Sammelband No. 22.*

36. **El paje de Don Alvaro.** — Der Page des Don Alvaro.

vgl. Schaeffer I, 188. Nicht bei Hartzenbusch angeführt als Stück von Lope de Vega. Liebesangelegenheit des Pagen des Don Alvaro de Luna. Sein Sturz. Schaeffer schreibt das unter dem Namen Calderons gedruckte Stück des Stiles wegen Lope de Vega zu.

37. **El piadoso Aragones.** — Der mitleidige Aragonier.

vgl. Rosenkranz S. 602; Schaeffer I, 188; Schack, Nachträge S. 47;

---

[1]) Wo ich das Blatt nicht angebe, habe ich das Buch nicht einsehen können.

Schack II, 266; Kressner: Einleitung. Geschichte des Karl von Viana, durch dessen Tod Ferdinand (der Katholische) Thronerbe von Aragon ward. *gedr. Bd. XXI, Bl. 202. Madrid 1635.*

38. **El cerco de Santa Fé.** — Die Belagerung von Santa Fé.

vgl. Schack II, 266 u. 298: „Kampf um den letzten maurischen Thron". Grillparzer VIII, 179; Dohm S. 321; Lista S. 191; Rapp, Anhg. S. 437; Enk S. 22; Schaeffer I, 182; Klein X, 250 ff. *gedr. Bd. I, Bl. 66. Valladolid 1604.*

39. **El mejor mozo de España.** — Der beste Bursche Spaniens.

vgl. Schack II, 296; Schaeffer I, 172; Kressner: Einleitung. Enthält „die romantische Geschichte von Ferdinands Brautfahrt nach Valladolid". *gedr. Bd. XX, Bl. 253. Madrid 1625. II. III, 609.*

40. **Las cuentas del gran Capitan.** — Die Erzählungen des grossen Kapitains.

vgl. Schack II, 301; Schaeffer I, 189; Grillparzer VIII, 158; Dohm S. 322. Eine Verherrlichung des grossen Feldherrn Don Gonzalo de Córdoba zur Zeit der Eroberung Granadas. *gedr. Bd. XXIII, Bl. 48. Madrid 1638.*

41. **Las Batuecas del Duque de Alva.** — Die Batuecas des Herzogs von Alba.

vgl. Schaeffer I, 104 ff.; Grillparzer VIII, 187: „Gegründet auf die Sage, dass zur Zeit der Belagerung von Granada, in den Gebirgen der Peña de Francia, ein wilder Stamm gefunden worden sei, der noch von den flüchtigen Gothen aus der Zeit der maurischen Eroberung herrühre". *gedr. Bd. XXIII, Bl. 22. Madrid 1638.*

42. **Los Chaves de Villalba.** — Die Chaves von Villalba.

Auch: **El blason de los Chaves de Villalba.** Behandelt die historischen Ereignisse, die die Eroberung Neapels durch den grossen Kapitain Don Gonzalo de Córdova begleiteten. An diesen Feldzug angeknüpft die Heldenthaten eines Ritters aus genanntem Geschlecht. Eine Liebesaffaire ist ferner ein drittes Moment der Handlung. *gedr. Bd. X, Bl. 195. Madrid 1621.*

43. **El hidalgo Abencerrage.** — Der Ritter aus dem Geschlecht der Bencerragen.

vgl. Schack II, 298; Rosenkranz S. 603. Eine gute, klar durchgeführte Handlung. Die edle Figur des Bencerragen hebt sich vorteilhaft unter den übrigen hervor. Wegen der ausserordentlichen Schönheit des Stückes folge hier eine eingehendere Analyse.

1. Akt.

Don Juan de Mendoza entführt in Córdoba bei einem Feste Doña Elvira de Vibero in Pagenkleidern. Es gelingt ihnen, unbemerkt zu entkommen, sie werden aber von Don Luys de Vibero, dem Oheim der jungen Dame, auf der Strasse angehalten. Dieser, der Haushofmeister des Königs, ist jedoch dem Geschlechte des Mendoza zu Dank verpflichtet und lässt den Ritter mit seiner Nichte ziehen, warnt ihn, zurück zu kehren, da ihm der Tod von Seiten des über die Entführung erzürnten Königs Ferdinand von Aragonien gewiss ist und rät ihm, sich in den Schutz des Maurenkönigs Mahommet von Granada zu stellen. Nach einigen Bedenken führt Don Juan diesen Plan aus und Elvira entschliesst sich, ihrem Geliebten zu folgen. Von Mahommet freundlich aufgenommen, dem gegenüber Mendoza angiebt, ein Duell habe ihn aus seinem Vaterlande vertrieben und dem er seine verkleidete Geliebte als seinen Bruder vorstellt, ruht er sich darauf von den Anstrengungen der Reise aus. Jazmin, aus dem Geschlechte der Bencerragen, spricht nachher den Verdacht aus, dass die Schönheit des jungen Pagen und das zarte Aussehen desselben nur einem Weibe angehören könnten und behauptet, der Page sei die verkleidete Geliebte des Ritters. Der König von Granada glaubt ihm nicht, obwohl der Anblick des schönen Jünglings ihn eigentümlicher Weise verliebt gemacht hat. Ein Soldat Paez überbringt gleich darauf dem König ein Schreiben, aus welchem sich die Wahrheit der Ansicht des Bencerragen bestätigt, denn es enthält die Aufforderung des Königs Ferdinand an seinen Statthalter Sancho de Cardenas, die Flucht Don Juans und Elviras, deren Verkleidung auch angegeben ist, zu verhindern. Dieses Schreiben ist dem König von Granada durch seinen Statthalter übermittelt.

Der König, der jetzt weiss, dass der Page ein Weib ist, kann seine Leidenschaft für Elvira nicht unterdrücken. Er bemäntelt seine wahre Absicht unter dem Vorwande, dass er durch die Lüge Don Juans beleidigt sei, um einen Grund zu haben, beide trotz seines königlichen Ehrenschutzes gefangen zu nehmen und beauftragt seinen Schwager Jazmin damit. Als das Liebespaar in den Gärten Granadas lustwandelt, entzückt über die paradiesische Schönheit derselben, erscheint Jazmin, unterrichtet den Ritter von dem Zorn des Königs und nimmt ihn sammt seiner Geliebten gefangen. Der edle Bencerrage weist seinen Widerstand zurück und sichert ihm seine Hülfe in seiner Not zu. Mahommet kommt hinzu, wirft dem Christen seine Lügereien vor und erklärt beide für seine Gefangenen. Jazmin giebt sich vergeblich Mühe, seinem Herrn das Unedle seiner Handlungsweise klar zu legen und ihm diese Liebe aus den Kopf zu reden. Es nützt nichts, denn der König beauftragt ihn, den Christen zu töten. Elvira wird in den roten Turm der Alhambra geführt. Mendoza und Jazmin bleiben zurück. Obwohl der Bencerrage der Unterthan seines Fürsten ist, so ist er doch so ritterlich und edel und sich seiner Abkunft von einem alten, berühmten Geschlechte so bewusst, dass er den Befehl des Königs nicht ausführt, um nicht sein Ahnenschild durch das Blut des Verrates zu beschmutzen. Er verhilft dem Christen — er, der Maure! — zur Flucht in der Kleidung eines Mauren, begleitet von einem ihm ergebenen Diener Zulema, der der spanischen Sprache mächtig ist und verspricht ihm, über die Tugend Elviras zu wachen.

Mit Schmerzen scheidet der beklagenswerte Don Juan aus Granada, wo er sein Liebstes unter drohenden Gefahren zurück lässt und dankt seinem neuen Freunde für seine Ritterlichkeit. Dieser eilt zu dem Könige zurück und berichtet ihm, dass er den Fremdling auf der Löwenbrücke getötet habe. Der König entfernt sich, um nicht die Klagen der bei ihm weilenden Elvira anzuhören und Jazmin zieht die Geliebte des Spaniers ins Vertrauen, erzählt ihr die Umstände der Flucht Don Juans und giebt ihr den Rat, durch Wehklagen den Schmerz über den Tod ihres Geliebten zu heucheln, um nicht den Verdacht des Königs zu erwecken.

2. Akt.

Die Liebe zu der schönen Spanierin nimmt Mahommet so sehr gefangen, dass er die Staatsgeschäfte vollständig darüber vergisst. Als sich die Grossen des Reiches darüber beklagen und ihm seine Schwachheit vorwerfen, ist er froh, die Last der Staatsführung auf seinen Schwager Jazmin übertragen zu können, der einstimmig zum Verweser des Reiches ernannt wird. Der König verzehrt sich in der Sehnsucht nach dem Besitz seiner Geliebten, denn es ist ihm noch nicht gelungen, irgend welchen Eindruck auf sie zu machen.

Don Juan de Mendoza ist inzwischen glücklich entkommen, aber in der Tracht eines Gärtners nach Granada zurückgekehrt, um der Geliebten nahe zu sein. Zulema benachrichtigt seinen Herrn Jazmin hiervon und mit Hilfe einer List gelingt es Elvira., Tinte, Feder und Papier zu bekommen, um dem Geliebten zu antworten. Um den König zu täuschen, in dessen Gegenwart sie schreiben muss, verfasst sie zwei Briefe, einen an ihren Geliebten, einen zweiten an den König. Durch einen unglücklichen Zufall vertauscht sie die Briefe, so dass dieselben in die verkehrten Hände geraten, wodurch mancherlei falsche Auffassung ihres Handelns entsteht, so dass selbst Jazmin an ihrer Wahrhaftigkeit und Tugend zweifelt. Eine von Zulema veranstaltete Zusammenkunft löst den Irrtum auf, Elvira und Don Juan versöhnen sich und auch der Bencerrage schenkt Elvira sein Vertrauen wieder. Durch die Ankunft des Königs werden der verkleidete Don Juan und Zulema genötigt zu fliehen und Jazmin giebt sie vor dem fragenden Könige für Leute aus, die seine Gemahlin Daraja zu einer Festlichkeit auf der Alhambra in dem Garten von Abenamar geleiteten. Den König hält Elvira, befürchtend, die Freundschaft mit dem Bencerragen könne entdeckt und alles verraten werden, durch eine ihm gegenüber erheuchelte Eifersucht mit seinen Absichten hin und stellt sich, als ob sie ihm wegen Vernachlässigung ihrer Person zürne.

Während der König und sein Schwager so mit den Liebesangelegenheiten beschäftigt sind, kommt plötzlich die Nachricht, dass ein Haufe Christen in die Alhambra eingedrungen sei und Daraja, das Weib des Bencerragen, geraubt habe. Starr vor Erstaunen über diese unerhörte Kühnheit und erschrocken über diese Nachricht, weiss Jazmin lange nichts zu erwiedern, bis er schliesslich die Krieger unter die Waffen ruft, um den Christen die Beute wieder abzujagen.

3. Akt.

Mahommet hat einen Gesandten an den König Ferdinand von Aragon geschickt, um gegen ein Lösegeld von zwölf edlen Christen und dreissig nicht adelig geborenen Daraja auszutauschen. Arfel, der Gesandte, kehrt mit Don Luys de Vibero zurück und meldet, dass Ferdinand gewillt sei, den Tausch anzunehmen; aber die Verhandlungen scheitern an dem Trotze des Maurenfürsten, der dem Vorwurfe, Don Juan de Mendoza ermordet zu haben, wie in Córdova bekannt geworden ist, mit kurzen Worten begegnet. Jazmin, der den ganzen Verhandlungen beigewohnt hat, beschwichtigt den erregten Don Luys de Vibero und verspricht ihm zu seinem grössten Erstaunen, dass er ihm seine Nichte Elvira sammt ihrem Geliebten eines Tages gesund überliefern werde.

Inzwischen hat Don Juan den Raub Darajas erfahren. Während er seinen Freund beklagt, kommt dieser in der Tracht eines Christen zu ihm und entwickelt seinen Plan, sein Weib eigenhändig zu befreien. Don Juan, aus Dankbarkeit, unterstützt ihn in seiner Absicht und sie eilen beide nach dem Statthalter von Córdova Don Sancho de Cardenas, wo sich Mendoza als Don Luys Gyron ausgiebt und ein falsches Schreiben des Don Luys de Vibero vorzeigt, worin ihm, dem Statthalter, befohlen wird, sofort Daraja frei zu lassen mit dem Versprechen, ihm wegen seiner Verdienste mit dem Ordenskleide des Santiago in nächster Zeit zu belohnen. Die List gelingt und Jazmin führt sein geliebtes Weib zur Alhambra zurück. Dort hat Elvira sich noch immer dem Willen und den Gelüsten des Königs zu widersetzen gewusst, bis dieser, ihrer Sprödigkeit und Hartnäckigkeit müde, sie wieder in den roten Turm der Alhambra sperren lässt, mit dem Befehl, keinen andern als seinen Schwager Jazmin zu ihr zu lassen. Zwei Mauren bewachen Tag und Nacht den Eingang.

Während Mahommet rüstet, um Daraja mit Gewalt aus den Händen des Christen zu befreien, von deren Anwesenheit in Granada er nichts weiss, befreien Jazmin und Don Juan Elvira durch eine List aus dem roten Turme, indem Elvira in einer dem Bencerragen ähnliche Tracht entflieht. Der Betrug wird zu spät entdeckt und die Entführer entkommen mit ihrer Beute.

Die letzten Szenen führen uns wieder nach Córdova, wo Ferdinand und Isabella beschliessen, die freche Antwort des Maurenkönigs durch den Krieg zu bestrafen. Mitten unter die Granden des Reiches treten Jazmin, Don Juan, Elvira, Daraja und der treue Zulema. Der Bencerrage giebt sich erst für einen Zegri (eine maurische Familie) aus, um ungefährdet zu dem König zu gelangen. Dem Don Luys de Vibero giebt er sich zu erkennen. Es folgen ferner Erkennungsszenen; einige Misverständnisse, herbeigeführt durch den falschen Befehl, den Juan Don Sancho de Cardenas vorgelegt hatte, werden erklärt und Mendoza wird von Ferdinand, der ihm die Entführung verzeiht, mit seiner Elvira vereint.

gedr. Bd. XVII, Bl. 281. Madrid 1622.

44. **La embidia de la nobleza.** — Der Neid des Adels.

vgl. Schack II, 298; Grillparzer VIII, 140. Es führt auch die Titel: **Zegries y Bencerrages; Prision de los Bencerrages y embidia de la nobleza.** Auch dieses Stück muss ich berücksichtigen. Es ist so wunderbar schön, dass eine genauere Kenntnis der Handlung von Interesse sein wird. Das Stück ist eines von jenen bezaubernden, welches uns mit den Mauren bekannt macht. Die Liebesszene, in welcher sich die Maurenfürstin vom Fenster aus mit dem Bencerragen unterhält, ist von einer ausgesuchten Lieblichkeit und Feinheit der Sprache, die noch erhöht sind an den Stellen, wo der Dichter den alten Romanzenton so herrlich trifft und uns gewissermassen dadurch in die alte Zeit zurückversetzt. Das Entkommen des letzten Bencerragen ist nicht historisch. Mit Recht kann man behaupten, dass das Stück eines der besten von Lope de Vega ist. Der Dichter zeigt sich hier in seiner ganzen Grösse. Es ist alles vollendet: Sprache, Handlung und der dramatische Bau.

1. Akt.

Xarifa[1]), die Verwandte Zelindos aus dem Stamme der Bencerragen, wird von ihrem Vater gezwungen, den König Almanzor zu heiraten. Trotz ihres Kummers muss sie sich die Liebe zu ihrem Vetter Zelindo aus den Kopf schlagen. Um die Heirat zu hindern, wendet sich dieser durch die Hilfe seines Dieners Zulema an den Grossmeister von Sankt Jago und lässt ihn bitten, mit sechs spanischen Soldaten Reduan, der beauftragt ist, Xarifa dem Könige von Granada zuzuführen, auf dem Wege dorthin zu überfallen, sie zu rauben und nach seinem Hause zu führen, wo Zelindo sich mit ihr zu vereinigen gedenkt. Zulema führt den Befehl aus und der Maestre de Santiago erfüllt den Wunsch seines Freundes, kommt aber zu spät, um die Entführung zu bewerkstelligen und der über den Fehlschlag betrübte Zelindo führt den Grossmeister nach seiner Wohnung, damit dieser sich dort von der schnellen Reise erhole.

Die Maurin Liudaraxa verschmäht Hamete aus dem Stamm der Zegri und wendet ihre Gunst Zaide aus dem Stamm der Bencerragen zu. Da nun seit langem zwischen diesen beiden Häusern Hass und Feindschaft walten und die letztern die ersteren bei dem Hochzeitsfeste des Königs Almanzor weit an Pracht und Tapferkeit überboten haben, wird diese Abneigung gegen den Zegri der erste Anstoss zu dem Untergang der edlen Bencerragen. Hierzu kommt noch, dass der König den Zelindo mit Auszeichnungen überhäuft und auch das ganze Geschlecht den Zegris vorzieht und die letzteren teilweise sogar übersieht.

2. Akt.

Zelindo beim Maestre de Santiago. Der Verlauf des Festes wird erzählt. Der Grossmeister beschliesst, in maurischer Verkleidung die Wunder Granadas kennen zu lernen und den ferneren Festlichkeiten beizuwohnen. Die Handlung führt uns wieder zurück nach Granada. Almanzor mit seiner schönen Gemahlin inmitten der Hofleute. Der Maestre verkleidet als Maure. Auch Zelindo hat die Sehnsucht nach seiner früheren Geliebten Xarifa nicht zurückgehalten. Er begrüsst das Königspaar und weiss bei dieser Gelegenheit seiner Geliebten einen Zettel unbemerkt in die Hände zu drücken, in welchem er um ein Stelldichein für die nächste Nacht bittet. Reduan hat während dieser Zeit einen Musiker, einen gefangenen Christen, herbeigeführt, durch dessen Gesang der Zorn des Königs hervorgerufen wird, denn das Lied hat den Sieg des Maestre de Santiago über die Mauren zum Inhalte. Der König verbannt Reduan und stellt ihm die Aufgabe, den Grossmeister zu töten und seine Waffen ihm zu nehmen. Ein darauf folgender Streit zwischen dem Zegri Hamete und dem Bencerragen Zelindo hat eine Herausforderung zum Zweikampf, zwischen 10 und 11 Uhr abends an einem gewissen Orte, zur Folge. Aber auch Xarifa lässt ihren Gelieb-

---

1) Im Personenverzeichnis Zarifa genannt; im Stücke selbst kommt immer der Name Xarifa vor, der wohl der richtige ist.

ten wissen, dass sie ihn um zehn Uhr erwarten werde. Aus dieser Verlegenheit hilft ihm der Grossmeister, der mit Tello, einem ebenfalls verkleideten Spanier, den Strauss für seinen Freund Zelindo ausfechten will. Der Kampf findet statt und Hamete und sein Genosse werden von den beiden Christen besiegt, aber der Maestre verrät sich hierbei durch den Ausruf „Santiago, a ellos![1]", dass er ein Christ ist. Hamete und sein Gefährte werden ihrer Federn und ihrer Schärpe beraubt. Der Zegri schöpft aber Verdacht, dass ihn der Grossmeister selbst besiegt hat. Während des Kampfes verlebt im süssen Liebesgeplauder — die schönste Szene des ganzen Stückes — im Garten des Palastes Zelindo mit seiner Xarifa eine angenehme Stunde. Zu ihnen kommt der Maestre mit Tello, die ihre Trophäen Zelindo ausliefern. Unglücklicher Weise überliefert sie dieser der Königin als Zeichen seiner Verehrung, eine That, die dem ganzen Hause des Bencerragen zum Verderben gereichen sollte.

3. Akt.

Aus einer Unterredung der Königin Xarifa mit dem Maestre erfahren wir, dass Zelindo den Bruder des Ordensmeister Don Alvaro Perez de Pacheco zum Vater und eine Maurin zur Mutter hat und nun erklärt sich das innige Band der Zuneigung eines Mauren und eines Christen. Der Maestre hat die Absicht, seinen Neffen mit nach Jaen zu nehmen und ihn dort zum Christentum zu bekehren.

Hamete bemerkt zu seinem grössten Schrecken die Trophäen seines Siegers in den Händen der Königin. Er beschliesst den Tod des Bencerragen und redet dem König ein, dass Zelindo heimlich den Maestre de Santiago nach Granada gebracht habe, um die Stadt an die Christen zu verraten. Ferner erzählt er ihm die Ereignisse der vergangenen Nacht und beschuldigt Zelindo der Feigheit und eines verbrecherischen Verhältnisses mit der Königin. Der König, erzürnt, beschliesst den Tod des ganzen Stammes der Bencerragen und ruft Reduan von Jaen zurück, um die sämmtlichen Glieder der alten, berühmten, Familie gefangen zu nehmen. Das Gespräch der Zegri und Almanzors wird durch den Bencerragen Zaide belauscht und die Gefährten werden gewarnt. Auch Lindaraxa warnt ihren Geliebten vor dem Schicksal, das sein Haus erwartet. In dem Bewusstsein ihrer Unschuld und viel zu adelig gesinnt, durch einen Widerstand oder eine plötzliche Flucht auch nur einen Schein von Verdacht zu erwarten, lassen sich die Bencerragen freiwillig gefangen nehmen. In dieser Not will Zulema zu dem Maestre, dem er die drohende Gefahr seines Neffen mitteilt. Dieser weiss sich von Ferdinand von Aragonien einen Brief zu verschaffen, in dem dieser um den Neffen seines Grossmeisters bittet und dem Maurenkönige zum Tausche das eroberte Alhama anbietet.

Inzwischen geht der scheussliche Befehl zur Abschlachtung von 24 Bencerragen in dem Löwenhofe der Alhambra vor sich. Während die edlen Ritter durch den Verrat des Schurken Hamete Zegri dahin gemordet werden, kommt der Maestre an und seine Bitte wird ihm gewährt. Zelindo, den der König als Letzten auf die Liste gesetzt hatte, kann noch gerettet werden und bleibt am Leben, denn der Befehl zu seiner Begnadigung kommt noch gerade zur rechten Zeit, ihn vom Tode zu retten. Xarifa ist von ihrem Gemahl verstossen worden und Lindaraxa an ihre Stelle gesetzt.

---

[1] „Beim heiligen Jakob, auf sie!"

Alhama entgeht jedoch dem König. Reduan, der wieder gegen Jaen gezogen ist und den Befehl ausgeführt hat, Xarifa wieder zu ihrem Vater zurückzubringen, fällt in die Hände des Don Juan de Mendoza und wird dem König Ferdinand zugeführt. Hier wird Zelindo gegen den maurischen Feldherrn ausgetauscht. Die beiden Liebenden finden sich dort auch wieder und werden nach langer Zeit der Prüfung vereinigt. Beide treten zum Christentum über und auch Zulema folgt seinem Herrn in diesem Entschlusse nach und wird ausserdem noch für seine treuen Dienste belohnt.
gedr. Bd. XXIII, Bl. 179. Madrid 1638.

45. **Pedro Carbonero.** — Peter, der Köhler.

vgl. Schaeffer I, 171. Das Stück spielt zur Zeit des Sturzes der Bencerragen und behandelt auch eingehender diesen Stoff. Es hat aber seiner ganzen Anlage nach geringeren Wert als die beiden vorhergehenden. Hierin verflochten sind die Thaten eines tapferen Köhlers, der zu einem Bencerragen innige Freundschaft hegt und ihn vom Tode errettet, nachher aber im Treffen fällt. *gedr. Bd. XIV, Bl. 151. Madrid 1621.*

46. **El nuevo mundo descubierto por Cristóbal Colon.** — Die neue Welt, entdeckt von Cristoph Kolumbus.

vgl. Schack II, 303; Grillparzer VIII, 209; Carriere S. 399; Ticknor I, 592; Vapereau S. 2023; Klein X, 54 ff. Uebersetzt von Rapp III, 199; Rosa S. 183; Schaeffer I, 107 ff. Inhalt: Entdeckung Amerikas. *gedr. Bd. IV, Bl. 29. Madrid 1614.*

47. **Cárlos V. en Francia.** — Karl V. in Frankreich.

vgl. Schack II, 304. Gehört nicht zu den besten Komödien. Eine Reihe lose aneinander geknüpfter Ereignisse, in deren Mittelpunkt Carlos V. steht. Der erste Akt behandelt die Ereignisse nach dem Vertrage von Nisa in den Kriegen Karls mit Franz I. von Frankreich. Der zweite Akt spielt in Spanien und bietet wenig Historisches. Der dritte Akt führt den Leser zurück nach Frankreich, schildert in pomphafter Weise den glänzenden Empfang des Kaisers in Paris, bevor er nach Gent aufbricht, um einen Aufstand in Flandern zu unterdrücken, und den Abschied von Franz I., bei dem der Papst beiden Herrschern den Segen erteilt. Das Ganze voll von Anspielungen auf die Thaten Karls V. gegen die Türken, Lutheraner etc. Zwischendurch schlingt sich die romantische Liebe einer Spanierin zu dem grossen Kaiser, die ihm überall nachläuft und wegen der Zurückweisung ihrer Liebe den Verstand verliert. Dazu in Parallele eine Spanierin, die ihrem Geliebten in Pagenkleidern nachläuft. Einzelheiten sind mit reichen Farben gemalt und das Königsleben und die Verhältnisse der damaligen Zeit treffend geschildert. Die Figur des Soldaten Pacheco macht entschieden den Eindruck eines Rodomontadenhelden.

Am Schluss liesst man:

„Aqui Belardo⁴) acabò
la História, y lo que pasò
César Cárlos Quinto en Francia.

gedr. Bd. XIX, Bl. 261. Madrid 1624.

48. **La mayor desgracia del Emperador Cárlos.** — **Das grösste Unglück des Kaisers Karl.**

vgl. Schaeffer I, 122; Schack II, 304: „schildert den verunglückten Zug nach Algier". *gedr. Bd. XXIV. Zaragoza 1633.*

49. **Arauco domado.** — **Das eroberte Arauko.**

vgl. Ticknor I, 597; Schaeffer I, 189; Sismondi IV, 19; Montiano S. 56; Schack II, 304: „schildert die Bezwingung der durch Ercilla's Epos so berühmt gewordenen tapferen Völkerschaft im südlichen Chili". *gedr. Bd. XX, Bl. 76. Madrid 1625.*

50. **La vitoria del Marques de Santa Cruz.** — **Sieg des Marquis vom heiligen Kreuz.**

vgl. Kressner: Einleitung; Montiano S. 56; Rosenkranz S. 602; Schack II, 266: „Eine Kriegsthat, an welcher der Dichter als Jüngling teilgenommen hat". Führt auch den Titel: **La nueva vitoria del Marques de Santa Cruz.** *gedr. Bd. 25, Bl. 183. Zaragoza 1647.*

51. **Pobreza no es vileza.** — **Armut ist keine Schande.**

vgl. Ticknor I, 627; Sismondi III, 506 u. 510; Schaeffer I, 176. Es behandelt die Kriegsthaten des berühmten Don Pedro Hénriquez Fuentes in Flandern. Hinein verflochten eine doppelte Liebesgeschichte. Spielt zur Zeit des Dichters. *gedr. Bd. XX, Bl. 51. Madrid 1625. H. IV, 233.*

52. **La santa Liga.** — **Die heilige Liga.**

vgl. Grillparzer VIII, 159; Ticknor I, 598; Schack II, 304: „behandelt den Kriegszug gegen die Türken, der mit der Seeschlacht von Lepanto endigt". *gedr. Bd. XV, Bl. 97. Madrid 1621.*

53. **La mayor vitoria de Alemania.** — **Der grösste Sieg Deutschlands.**

vgl. Schack II, 304; Lista S. 154, 11ᵃ Leccion. Es heisst auch: **La mayor vitoria de Alemania de Don Gonzalo de Córdoba.**

---

1) Belardo des Pseudonym Lopes.

Verherrlicht einen Enkel des grossen Gonzalvo de Córdoba. *gedr. Vega. Sammelband No. 19.*

54. **El hijo de la molinera.** — Der Sohn der Müllerin.
vgl. Schaeffer I, 190. Die Geschichte eines natürlichen Sohnes des Herzogs von Alba.

55. **Los Españoles en Flandes.** — Die Spanier in Flandern.
vgl. Schack II, 304. Leider ist das Stück nicht vollständig. Es fehlen die letzten Seiten, so dass ich von einer näheren Besprechung absehe. Es spielt zur Zeit des Dichters und behandelt einen Feldzug in Flandern. *gedr. Bd. XIII, Bl. 164. Madrid 1624.*

56. **El asalto de Mastrique.** — Der Sturm von Maestricht.
vgl. Schack II, 305; Schaeffer I, 190; Grillparzer VIII, 212; Rapp, Anhg. S. 437; Montiano S. 56. Behandelt die Belagerung von Maesstricht. Novellenartig. Ein buntes Bild des Lagerlebens. *gedr. Bd. IV, Bl. 153. Madrid 1614.*

57. **Brazil restituido.** — Das zurückeroberte Brasilien.
vgl. Ad. Wolf S. 95. Behandelt die Einnahme von San Salvador durch die Spanier 1625.

58. **Los Guanches de Tenerifa.** — Die Guanches von Teneriffa.
Los Guanches de Tenerifa y conquista de Canaria ist dasselbe Stück.
vgl. Grillparzer VIII, 340; Schaeffer I, 106 ff. Es behandelt in den ersten beiden Akten die Eroberung von Teneriffa durch die Spanier. Der dritte Akt, unabhängig davon, dreht sich um die Verehrung eines Muttergottesbildes. Der Ort der Handlung ist der einzig historische Bestandteil des Stückes im 3. Akte. *gedr. Bd. X, Bl. 128. Madrid 1621.*

59. **La estrella de Sevilla**[1]). — Der Stern von Sevilla.
vgl. Klein X, 356; Dohm S. 332; Lafond S. 181; Schaeffer I, 89 ff.; Holland I, 155; Ticknor I, 596; Schack, Nachträge S. 51; Lemcke III, 189; Zárate II, 205; Vapereau S. 2023; Rosenkranz S. 603; Schack II, 306. Es behandelt die tragische Liebesgeschichte eines Königs Sancho in Sevilla und einer gewissen Estrella, der Schwester eines Edelmanns; dies Stück schliesst mit dem Tode ihres Bruders und der Trennung von ihrem Geliebten, hervorgerufen durch die sinnliche Leidenschaft des Königs zu dem schönen, aber stolzen und tugendhaften Weibe. *gedr. II. I, 137.*

---

1) No. 59, 60, 61 stehen insofern für sich allein da, als es sich nach Schack hier um Privatinteressen handelt, weshalb sie eigentlich nicht rein historisch zu nennen sind und hier am Ende der Gruppe stehen.

60. **Porfiar hasta morir.** — Leidenschaft bis zum Tode.

vgl. Ticknor I, 586; Schaeffer I, 98 ff.; Grillparzer VIII, 440; Vapereau S. 2023; Rosenkranz S. 603; Schack II, 309: „Geschichte des unglücklichen Troubadours Macias". *gedr. Bd. XXIII, Bl. 96. Madrid 1638. H. III, 95.*

61. **El mejor alcalde el rey.** — Der beste Richter ist der König.

vgl. Schack II, 311; Lemcke III, 189; Rosenkranz S. 603; Schaeffer I, 131 ff.; Klein X, 445 ff. Es verherrlicht die Gerechtigkeitsliebe eines spanischen Königs, der einen hochmütigen Ricohombre wegen des Raubes einer Braut zum Tode verurteilt. *gedr. Sammelband No. 21, H. I, 475. Bd. XXI, Bl. 139. Madrid 1635.*

Nicht zur Hand waren mir die folgenden Stücke, die aber, dem Titel nach zu schliessen, ebenfalls hierher gehören: Sie sind verzeichnet bei Schack II, 698—705:

1. El cerco de Toledo.
2. Saracinos y Aliatares.
3. Muza furioso.
4. Alfonso el afortunado.
5. El Duque de Alba en Paris.
6. Conquista de Tremecen.
7. La perdicion de España.
8. El cerco de Madrid.
9. Los Guzmanes de Toral.
10. El Conde Dirlos (Ein Romanzenstoff).
11. La imperial de Toledo.
12. La conquista del Andaluzia.
13. La prision de Muza.
14. Los juecos de Castilla.
15. Doña Ines de Castro.
16. El postrero gozo de España.
17. El alcázar de Consuegra.
18. La conquista de Cortés.
19. La toma de Longo por el Marques de Santa Cruz.
20. Argolan, Rey de Alcalá.
21. El cerco de Viena por Cárlos V.
22. La fundacion de la Alhambra de Granada.

23. La fundacion de la Santa Hermandad en Toledo.
24. Las hazañas del Cid y su muerte.
25. La peña de Francia[1]).

II. Gruppe.

Ausserspanische Geschichte.

In diese Gruppe gehören diejenigen Stoffe, die ausserspanische, geschichtliche Stoffe behandeln. Die Form der Stücke bewegt sich von Darstellungen in kurzer, knapper Weise mit einfacherer Handlung durch die verschiedenste Art der Darstellung bis zu novellenartigen, flüchtigen Aufbau der Handlung. Auch ist der Dichter nicht immer den historischen Thatsachen treu geblieben und manche Ausgeburten seiner Phantasie finden sich in dieser Gruppe. Vgl. hierzu Schack II, 317—327.

A. Portugiesische Geschichte.

1. u. 2. **El príncipe perfeto I u. II.** — Der vollkommene Fürst.
vgl. Schack II, 317; Vapereau S. 2023; Kressner, Einleitung; Schaeffer I, 190; Ticknor I, 589: „Der Dichter stellt Johann von Portugal, den Sohn Alfons V. und Zeitgenossen von Ferdinand und Isabella, als Muster eines vollkommenen Fürsten hin und schildert an ihm die Vorzüge eines solchen". *gedr. p. I*: *Bd. XI, Bl. 121. Madrid oder Barcelona 1618. H. IV, 93. p. II*: *Bd. XVIII, Bl. 1. Madrid 1623. H. IV, 117.*

3. **El Duque de Viseo.** — Der Herzog von Viseo.
vgl. Grillparzer VIII, 248; Schaeffer I, 191; Holland I, 142; Enk S. 123; Rosa S. 84; Vapereau S. 2023; Signorelli IV, 72; Montiano S. 47; Velazquez 122; Schack II, 317: „In diesem Stücke sind die Schicksale des Johann von Braganza und des Herzogs von Viseo zu einem tragischen Bilde vereinigt". *gedr. Bd. VI, Bl. 147. Madrid 1615. H. III, 421.*

4. **La discreta venganza.** — Die kluge Rache.
vgl. Schack II, 317; Sismondi III, 486: „La scène est en Portugal, sous le règne d'Alphonse III (1246—1279); le principal personnage

---

1) Es würde eine sehr dankenswerte und interessante Arbeit sein, eine Reihe von Dramen der ersten Gruppe in bezug auf historische und Romanzenquellen zu untersuchen, worauf ich hiermit hingewiesen haben möchte.

est Don Juan de Ménésès, qui fut favori de ce roi et qui eut à se défendre contre les plus noires intrigues des courtisans envieux". *gedr. Bd. XX, Bl. 1. Madrid 1625. H. III, 303.*

5. **El mas galan Portugues, Duque de Berganza.** — **Der feinste Portugiese, Herzog von Braganza.**

vgl. Schack II, 317; Grillparzer VIII, 290. In der Mitte der Handlung steht der Herzog von Braganza und das Stück behandelt seine Liebesgeschichte mit Mayor, der Schwester des Gross-Priors von San Juan. *gedr. Bd. VIII, Bl. 69. Barcelona 1617.*

6. **La lealtad en el agrávio.** — **Die Treue in der Beleidigung.**

vgl. Schaeffer I, 121. Hat zum Mittelpunkt der Handlung Alfons I. von Portugal, seinen Zwist mit seiner Mutter und seine Liebschaft mit einer Doña Jnes.

7. **La tragedia del Rey Don Sebástian y Bautismo del Príncipe de Marruecos.** — **König Sebastian.**

vgl. Schaeffer I, 190. Der erste Akt behandelt den Feldzug nach Afrika, welcher den jungen „Heldenkönig Sebastian von Portugal 1578 auf das Schlachtfeld von Kassr-el-Kebir hinstreckt. Der zweite und dritte Akt dagegen sind — mit Ausnahme einer längeren Erzählung der genannten Schlacht — ganz den jugendlichen Maurenprinzen Muley Scheikh gewidmet, etc." Auch: **El rey Don Sebastian.**

B. Römische und griechische Geschichte.

8. **Roma Abrasada.** — **Das brennende Rom.**

= **Nero cruel.** Vgl. Schack II, 320; Holland I, 147; Ticknor, I, 588; Rosa S. 84; Kressner: Einleitung; Rosenkranz S. 603; Schaeffer I, 195; Signorelli IV, 72; Montiano S. 47; Sismondi III, 503; Velazquez S. 122; vgl. hinsichtlich der Romanze, die in dem Stücke vorkommt, Duran I, 393. Thaten Neros und Brand Roms. Schliesst mit seinem Tode und der Wahl Galbas zum römischen Kaiser. *gedr. Bd. XX, Bl. 177. Madrid 1625. H. IV, 279.*

9. **Las grandezas de Alejandro.** — **Die Heldenthaten Alexanders.**

vgl. Schack II, 320; „hat als Helden Alexander den Grossen und seine Thaten". *gedr. Bd. XVI, Bl. 185. Madrid 1622.*

10. **El honrado hermano.** — **Der ehrbare Bruder.**

vgl. Klein X, 313; Rapp, Anhg. S. 441; Rosenkranz S. 604; Schaeffer I, 193; Schack II, 320: „behandelt den Kampf der Kuriatier und

Horatier". Es heisst auch **Los Horácios**. *gedr. Bd. XVIII, Bl. 105. Madrid 1623.*

11. **Lo fingido verdadero.** — Die erdichtete Wahrheit.

vgl. Schaeffer I, 197. Behandelt den Regierungsantritt des Kaisers Diocletian, den Tod des Aurelius und Numerianus, seines Vorgängers, die Regierung des ersten und die Teilung der Regierung mit Maximianus und den Beginn der Christenverfolgung. In die Handlung hinein sind mit einer wunderbaren und feinen Geschicklichkeit zwei kleine Stücke eingeschaltet, deren dargestellter erdichteter Inhalt am Ende zur Wahrheit wird, wovon das Stück seinen Namen hat und zwar behandeln sie ein Erlebnis des Komödiendichters Genesius, der selbst in dem Stücke mitspielt und auf den sich die Handlung überträgt. Diese kleinen Aufführungen sind ganz spanisch gehalten und nicht in dem Stil eines klassischen Stückes verfasst. Es geht voran ein Prolog, eine Loa[1]), auf welches eine kleine Comedia folgt. Das Ganze ist hübsch und harmonisch zu einem einheitlichen Ganzen verschmolzen. Diese Comedia würde sich noch heute in neuer Ueberarbeitung auf unserer Bühne erhalten. *gedr. Bd. XVI, Bl. 259. Madrid 1622.*

12. **Los embustes de Fabia.** — Die Lügereien der Fabia.

vgl. Grillparzer VIII, 155. Die Heldin des Stückes ist ein durchtriebenes, schlaues, ausserordentlich sinnliches Weib, die ihren alten Ehemann an der Nase herumführt, ihren Liebhaber und zuletzt den Kaiser Nero, unter dessen Regierung das Stück spielt, betrügt, bis sie am Schluss ihr Ziel erreicht, indem sie mit demjenigen, den sie wirklich liebt, vereinigt wird. *gedr. Bd. XXV, Bl. 509. Zaragoza 1647.*

C. Geschichtliche Stoffe verschiedener Länder.

13. **El castigo sin venganza.** — Die Züchtigung ohne Rache.

vgl. Dohm S. 321; Lafond S. 198; Lista S. 171 u. 172; Ticknor I, 593; Lemcke III, 189, Rosa S. 84 ff.; Kressner, Einleitung; Signorelli IV, 72; Klein I, 303 ff.; Schack II, 321: „ist die durch Lord Byron so berühmt gewordene Geschichte des verbrecherischen Liebesverhältnisses zwischen der Herzogin von Ferrara (bei Byron Parisina, bei Lope Casandra) und ihrem Stiefsohne". *gedr. Bd. XXI, Bl. 91. Madrid 1635. H. I, 567.*

14. **La imperial de Oton.** — Das Kaisertum Ottos.

vgl. Schack II, 324; Grillparzer VIII, 298; Lemcke III, 189; Rosen-

---

[1] Loa ist ein spanisches kleines Vorspiel, welches gewöhnlich zwischen dem Prolog und dem ersten Akte des eigentlichen Stückes gespielt wurde.

kranz S. 603. Enthält die Geschichte Ottokars von Böhmen. *gedr. Bd. VIII, Bl. 181. Barcelona 1617.*

15. **El gran Duque de Moscovia.** — Der Grossfürst von Moskau.

vgl. Grillparzer VIII, 267; Ticknor I, 597; Lemcke III, 189 ff.; Enk S 157. Uebersetzt von Rapp: Dimitri III, 301; Rosenkranz S. 603; Schack II, 326. Es enthält die Wirren am russischen Hofe durch Demetrius. *gedr. Bd. VII, Bl. 75. Barcelona 1617. H. IV, 255.*

16. **El rey sin reyno.** — Der König ohne Reich.

vgl. Montiano S. 56: Schack II, 327: „schildert die Wirren und Kämpfe, die am ungarischen Hofe der Thronbesteigung des Mathias Corvinus vorausgingen". Eine Unmasse zusammengedrängter Ereignisse. Häufiger Wechsel der Szenen. Grosse Ueberstürzung der Handlung. Der Dichter hat zu viel in den Rahmen des Stückes gebracht, um eine gediegene Durchführung bewahren zu können. Eine Reihe unwahrscheinlicher Ereignisse, die durch die Phantasie des Dichters entstellt sind. *gedr. Bd. XX, Bl. 226. Madrid 1625.*

17. **Contra valor no hay desdicha**[1]). — Gegen den Mut kämpft das Unglück vergebens.

vgl. Schack II, 327; Schaeffer I, 192; Grillparzer VIII, 156. Die Comedia enthält die Jugendgeschichte des Cyrus. *gedr. Bd. XXIII, Bl. 1. Madrid 1638. H. III. 1. Sammelband No. 7.*

18. **La Reyna Juana de Nápoles.** — Die Königin Johanne von Neapel.

vgl. Schack II, 327; Schaeffer I, 177 ff.; Grillparzer VIII, 244. Liebesangelegenheit der Königin Johanna von Neapel und eines Prinzen Ludovico, den sie heiratet, nachdem sie ihren ersten Gatten erdrosselt hat. *gedr. Bd. VI, Bl. 126. Madrid 1615. Sammelband No. 30.*

19. **La Poncella de Orleans**[2]). — Die Jungfrau von Orleans.

vgl. Schack II, 327.

20. **El valiente Jacobin.** — Der tapfere Jacobiner.

vgl. Schack II, 327.

Hierher würden ferner gehören:
1. Guelfos y Gibelines.
2. Romulo y Remo.
3. El primero Medicis.

---

1) Sehr oft gebe ich nicht eine genaue Uebersetzung des Titels, wenn mir eine freiere besser erscheint. Oft benenne ich das Stück nach dem Inhalt, wenn der Titel gezwungen gegeben ist.

2) No. 19 u. 20 sind mir nicht zu Händen gewesen.

4. La Poncella de Francia.
5. El Rey de Frisia.
6. La Reyna de Lésbos.
7. Los Jueces de Ferrara.
8. El gallardo Jacobin.
9. Bohemia convertida.
10. El dichoso Parricida.
11. La mayor hazaña de Alexandro Magno.
12. Las adversas fortunas del Infante Don Fernando de Portugal.
13. El Príncipe Escánderbeg ¹).

III. Gruppe.

Biblische Stoffe.

Der Dichter behandelt in dieser Gruppe eine Reihe biblischer Geschichten. Vgl. Schack II, 320: „Glücklicher ist Lope in der Regel in der Behandlung der alttestamentlichen Geschichten gewesen, der er sich mit Vorliebe zugewendet zu haben scheint, da die Zahl seiner hierher gehörenden Arbeiten nicht unbeträchtlich ist. Ohne in der Beobachtung des Costüms eben rigurös zu sein, hat er hier die Farben so zu mischen und zu verschmelzen gewusst, dass sie ein harmonisches Ganzes bilden. Sehr glücklich ist namentlich der solchen Stoffen so angemessene Ton edler Simplizität getroffen". Vgl. hierzu Schack II, 320—321.

1. **Los trabajos de Jacob.** — Die Mühen Jakobs.
vgl. Schack II, 320; Vapereau S. 2023; Schaeffer I, 200. Auch: **Los trabajos de Jacob, sueños ay que verdad son;** behandelt die Geschichte von Joseph und seinen Brüdern. *gedr. Bd. XXII, Bl. 214. Madrid 1614.*

2. **El robo de Dina** ²). — Der Raub Dinas.
vgl. Schack II, 321; Grillparzer VIII, 141; Ticknor I, 608; Schaeffer I, 200. *gedr. Bd. XXIII, Bl. 118. Madrid 1638.*

---

1) Von allen diesen 13 Stücken gilt dasselbe wie von den zu Gruppe I hinzugefügten Stücken, auch ferner dasselbe für alle hinzugefügten Stücke der übrigen Gruppen (s. o.).

2) Bei dieser Gruppe ergiebt sich der Inhalt schon aus dem Titel, denn dieser hält sich der Hauptfabel nach treu an die testamentliche Quelle. Der Kernpunkt ist biblisch-historisch. Vgl. Schack II, 705.

3. **La salida de Egipto.** — Der Auszug aus Egypten.

vgl. Schack II, 321; Vapereau S. 2023 ff. Diese drei ersten Dramen bilden nach Graf Schack eine Trilogie.

  4. **David perseguido.** — Der verfolgte David.

vgl. Schack II, 321. Auch: **David perseguido y montañes de Gelboe.** David und Saul. *gedr. Sammelband No. 9.*

5. **La historia de Tobías.** — Die Geschichte des Tobias.
vgl. Schack II, 321; Vapereau S. 2023; Ticknor I, 608; Schaeffer I, 200. *gedr. Bd. XV, Bl. 229. Madrid 1621.*

  6. **La hermosa Ester.** — Die schöne Esther.
vgl. Schack II, 321; Grillparzer VIII, 161; Ticknor I, 608; Schaeffer I, 200. *gedr. Bd. XV, Bl. 150. Madrid 1621.*

Hierher gehört wahrscheinlich ferner:
1. Las lágrimas de David.
2. El templo de Salomón.
3. El nacimiento de Cristo. vgl. Schaeffer I, 200.
4. El nacimiento del Alba¹). vgl. Schaeffer I, 200.

IV. Gruppe.

Erdichtete Stoffe in Anlehnung an historische Personen oder Umstände.

Nach Graf Schack gehören hierher solche Stoffe, „welche an historische Umstände angeknüpft, erdichtete Charaktere und Situationen oder doch solche zum Mittelpunkt haben, die in den Gang der allgemeinen Geschichte nicht eingreifen". Hierzu vgl. Schack II, 315—317.

1. **La hermosura aborrecida.** — Die verabscheute Schöne.
vgl. Schack II, 215; Grillparzer VIII, 274; Ticknor I, 578; Enk S. 195. Uebersetzt von Rapp IV, 9; Klein X, 155 ff. Angelehnt an die Personen Ferdinands von Aragonien und Isabellas von Kastilien. Eine junge Frau, von ihrem Gatten verstossen, geht auf's Land, erlernt die Wundarzneikunst und heilt den König Ferdinand auch durch die richtige Behandlung einer Wunde, wofür sie belohnt und mit ihrem Gatten vereinigt wird, der ihre Verzeihung erfleht. *gedr. Bd. VII, Bl. 145. Barcelona 1617.*

---

1) *Gedr. Bd. XXIV, Bl. 110. Zarogoza 1641.*

2. **Quien mas no puede.** — Tod ist besser als ehrloses Leben.

Vgl. Schack II, 315. Die erdichtete Begebenheit fällt in die Zeit des Königs Ramiro von Navarra und Ordoños von Leon. Es handelt sich um die Werbung der Tochter des Letzteren Doña Elvira. Das oft bei Lope wiederkehrende Motiv, dass derjenige, der um die Braut für einen anderen wirbt, sich selbst in sie verliebt, findet sich hier. Mit List gelingt es dem Grafen Heinrich, der mit dieser Aufgabe betraut ist, sich in das Vertrauen des Königs von Leon einzuschleichen. Er geht scheinbar auf die Liebe der Infantin ein, um sie um so sicherer entführen zu können. Doch später nach der Entführung gesteht er ihr, dass er sie dem Könige von Navarra, dem Feinde ihres Vaters zuführen wolle. Er selbst liebt sie aber auch und will dem König die Treue nicht brechen. Dieser seelische Konflikt ist von Lope ausgezeichnet dargestellt. Schliesslich verlässt er seine Geliebte, um seinem König alles zu gestehen. Dieser kehrt zurück, befiehlt aber, Elvira an den Hof zu bringen, worauf der Graf die Braut des Königs wieder aufsucht. Kaum ist er fort, so bewirken die verräterischen Worte eines Granden, dass der König mistrauisch wird und sich betrogen wähnt. Er zieht die Güter des Grafen ein und nimmt dessen Schwester Estela gefangen. Arias, ein Edelmann, tritt für seinen Vetter ein, wird in Folge dessen aus dem Angesicht des Königs verbannt und sucht Heinrich auf, dem er sein Unglück mitteilt. Dieser hat inzwischen seine Geliebte von der Notwendigkeit einer Trennung überzeugt, doch ohne Erfolg. So erntet der Graf überall Undank; verbannt, der Güter beraubt, der Ehre, des Namens, bleibt er doch seinem Könige treu. Keine Bitten bewegen die Infantin, sich freiwillig zum König von Navarra zu begeben. Erst der sich dem Hungertode preisgebende Graf, der lieber sterben will als seinem Könige die Treue brechen, vermag Elvira zu bewegen, mit ihm und Arias nach Navarra zu gehen. Dort beleidigt Heinrich, weil er in dessen Gegenwart einen neidischen Höfling Beltran herausfordert, um ihn für seine Lüge zu züchtigen, den König. Er wird Ordoño von Leon überliefert, der ihn gnädig wieder aufnimmt, denn dieser hat inzwischen alles von Blanca, des Grafen Schwester erfahren, die er zur Zeit der ersten Ankunft Heinrichs hatte kommen lassen und nach der Flucht des Grafen mit seiner Tochter als gefangene Geisel zurückbehalten hatte. Er verliebt sich in sie und ernennt ihren Bruder zum Grafen von Valencia. Arias hat inzwischen in Navarra die Forderung für seinen Vetter übernommen. Der ausbrechende Krieg zwischen Ordoño und Ramiro nötigt ihn, den Kampf zu verschieben. Ramiro entschliesst sich, Doña Elvira zu heiraten und so Frieden zu schliessen. Diese läuft indessen ihrem Geliebten in Männerkleidern nach und zwar als Soldat. Die Heere treffen sich, aber ein Brief ruft die feindlichen Könige zu einer Zusammenkunft, wo Frieden geschlossen wird, denn es finden sich alle wunderbarer Weise ein, um die sich der ganze Krieg gedreht hat. Elvira ist auch wieder bei ihrem Vater und das Stück schliesst mit drei Hochzeiten: Blanca und Ordoño, Ramiro und Estela, Heinrich und Elvira, auf welche der König verzichtet und sich nachher mit Blanca begnügt.

Das Stück ist sehr gut. Die Handlung ist logisch zusammenhängender und einheitlicher als man es in vielen Fällen gewohnt ist.

Es könnte heute noch zur Aufführung gebracht werden. *gedr. Bd. XVII, Bl. 29. Madrid 1622.*

3. **La corona merecida.** — Die verdiente Krone.

vgl. Lafond S. 192; Vapereau S. 2023; Rosenkranz S. 603; Schaeffer I, 144; Schack II, 315: „behandelt die Geschichte des heroischen Widerstandes eines hochherzigen Weibes gegen die Verführungskünste des Königs Alfonso von Kastilien". *gedr. Bd. XIV, Bl. 76. Madrid 1621. H. 1, 227.*

4. **El vaquero de Moraña.** — Der Kuhhirt von Moraña.

vgl. Grillparzer Bd. VIII, 300; Schack II, 315 ff. Der Graf von Saldaña wird von dem König Bermudo von Leon verfolgt wegen einer Liebschaft, die der König nicht billigt. Der Graf flieht mit der Infantin, seiner Geliebten, ins Gebirge, wo er als Kuhhirt und sie als Mähderin unerkannt leben. Das Stück schliesst zuletzt in Frieden. *gedr. Bd. VIII, Bl. 203. Barcelona 1617.*

5. **La batalla del honor.** — Der Kampf um die Ehre.

vgl. Schack II, 360; Grillparzer VIII, 233; Enk S. 89; Schaeffer I, 146 ff. Behandelt die Liebe Franz I. zu der Frau des Konnetabel Karl von Bourbon. *gedr. Bd. VI, Bl. 1. Madrid 1615. Sammelband No. 4.*

6. **El padrino desposado.** — Der Brautführer als Gatte.

vgl. Grillparzer VIII, 203; Schaeffer I, 174 ff. Lehnt sich an die historischen Persönlichkeiten des Mauren Argolan, aller Wahrscheinlichkeit nach an Juan II., König von Aragonien, den Vater Ferdinands des Katholischen an. Lope de Vega hat die alte Prophezeihung eines Mauren benutzt, welche dahin hinausläuft, dass die Tochter eines gewissen spanischen Grafen durch die Heirat mit einem Könige einen Sohn gebären würde, der die Mauren aus Spanien vertreiben würde. Da dies aber Ferdinand der Katholische war, unter dessen Regierung Granada, der letzte Hort der Mauren, fiel, so muss die Gestalt dieses Königs im Drama Juan II., sein Vater, sein. Der Dichter hat die Idee recht gut benutzt. Nebenher eine Liebesintrigue mit dem betrogenen Grafen Don Pedro. Die plötzliche Leidenschaft des Königs hätte besser motiviert werden können. Im Uebrigen gehört das Stück zu den besseren des Dichters. *gedr. Bd. II, Bl. 287 Lisboa 1612. Sammelband No. 27.*

7. **El testimonio vengado.** — Das gerächte Zeugnis.

vgl. Schack II, 360; Grillparzer VIII, 190; Schaeffer I, 116 ff.; Rapp, Anhg. S. 439. Ich kann mich nicht dazu verstehen, dieses Stück unter die dramatischen Novellen zu setzen, da es in vieler

Hinsicht nicht die charakteristischen Merkmale der betreffenden Gruppe hat. Die Handlung ist nicht sehr ausgedehnt und des Ungewöhnlichen nicht zu viel. Grillparzer glaubt den Stoff in einer Romanze suchen zu sollen, die ich nicht habe auffinden können. Es spielt zur Zeit Sanchos des Grossen und behandelt den Verrat und die Anklage der beiden Söhne der Königin Doña Mayor, ein sträfliches Verhältnis mit dem Stallmeister Sesé des Königs unterhalten zu haben. Ich habe mich nicht entschliessen können, dass Stück in Gruppe I zu setzen, weil ich der historischen Wahrheit desselben keinen Glauben schenke. **Como se vengan los nobles** ist dasselbe Stück. *gedr. Bd. I, Bl. 308. Valladolid 1604. II. III, 403.*

8. **La varona Castellana.** — Die tapfere Kastilianerin.

vgl. Schack II, 248; Grillparzer VIII, 326. Schildert die Thronbesteigung Alfonsos VIII. von Kastilien. In Anlehnung hieran und an die Zeit werden die tapferen Thaten einer Doña Maria Perez verherrlicht, die jedoch manchmal ziemlich ungereimt und unglaublich erscheinen.

9. **Ello dirá.** — Kaiser Otto.

Das Ganze erdichtet in Anlehnung an Kaiser Otto den Grossen. Dieser hat zwei uneheliche Kinder, einen Sohn und eine Tochter. Er zieht sie an den Hof und verheiratet die Tochter an seinen General, der sie ins Meer werfen lässt, weil er glaubt, der Kaiser habe sie vorher zu seiner Geliebten gehabt und nicht weiss, dass es seine eigene Tochter ist. Der Sohn wird, am Hofe erzogen, ein berühmter Feldherr. Später erfährt der Kaiser den Tod seiner Tochter und verurteilt den Mörder zum Tode. Da tritt der Diener hervor, der mit dem Auftrage betraut war, sie zu töten, den Befehl aber nicht ausgeführt hat. Er führt die Totgeglaubte herbei und das Stück schliesst in Frieden. *gedr. Bd. XII, Bl. 1. Madrid 1619.*

10. **La fortuna merecida.** — Das verdiente Glück.

Schildert unter der Regierung Alfonso XI. das Emporkommen und den Ruhm eines gewissen Alvaro Nuñez, der dem König das Leben gerettet hat.

Wie immer, wenn der Dichter einen Stoff behandelt, der auf dem Boden seines Vaterlandes spielt, liefert er hier auch ein Stück, welches die Vorzüge der Lopeschen Muse enthält. Der Held des Stückes ist ein vorzüglicher Mensch, Edelmann im wahrsten Sinne des Wortes, dabei bescheiden und treu. Auch die übrigen Personen sind sehr fein und interessant gezeichnet. Man kann bei solchen Stoffen nicht genug den Dichter bewundern, und es wird einem unverständlich, wie er manchmal so schlechte Stücke schreiben konnte. *gedr. Bd. XI, Bl. 243. Madrid oder Barcelona 1618.*

11. **La primera information.** — Die erste Benachrichtigung.

Unter einem König Pedro, der ein Verhältnis mit einer Hofdame hat, kommt ein edler Graf, der seinem Könige treu ist, durch die Schlechtigkeit eines anderen Edelmannes, der ihn eines strafbaren Verhältnisses mit ebenderselben Hofdame beschuldigt, in Verdacht und wird gestürzt. Später kommt seine Unschuld an den Tag und der Graf kommt wieder zu Ehren. Am Ende des Stückes findet sich folgende Bemerkung: „Es de Lope Felix de Vega Carpio, no del Doctor Juan Perez de Montalvan", Bl. 106. *gedr. Bd. XXII, Bl. 84. Madrid 1635.*

12. **La defensa en la verdad.** — Die Verteidigung der Wahrheit.

vgl. Schaeffer I, 124. Spielt zur Zeit der Unruhen mit Portugal durch den Prior Antonio, die von Philipp II. 1558 durch den Herzog Alba und seine Unterfeldherrn nieder geschlagen werden; also vier Jahre vor der Geburt unseres Dichters. Das Stück selbst behandelt auf dieser historischen Grundlage eine Privatangelegenheit des Feldherrn Sancho de Avila. Ein falsch besorgter Brief stört seine bisherige Freundschaft zu einem seiner besten Freunde, weil er in Verdacht kommt, mit dessen Gemahlin ein Liebesverhältnis unterhalten zu haben. Doch dieser Streit wird beigelegt, nachdem die Unschuld des Feldherrn erwiesen ist. Am Schluss zwei Hochzeiten, bei denen der Störenfried und wirkliche Kurschneider der Frau des betreffenden Freundes mit der Schwester seiner Angebeteten abgefunden wird. Die Handlung erfreut durch grosse Klarheit und rasche Entwickelung. *gedr. Bd. XI, Bl. 269. Madrid oder Barcelona 1618.*

13. **El labrador venturoso.** — Der glückliche Landmann.

vgl. Schaeffer I, 140. Die Infantin Doña Elvira eines spanischen Königs Alfonso von Castilien flieht, weil sie Zulema, den Maurenkönig von Sevilla, heiraten soll, verbirgt sich auf dem Lande und verliebt sich dort in einen tapferen Landmann, der nachher im Kampfe den Maurenkönig gefangen nimmt und Alfonso die Schlacht gewinnt. Zum Lohn für diese Heldenthaten wird er geadelt und erhält die Hand der Infantin. *gedr. Bd. XXII, Bl. 192. Madrid 1635. Bd. XXIV. Madrid 1640.*

14. **La locura por la honra.** — Der Wahnsinn aus gekränkter Ehre.

Unter einem französischen König Karl zur Zeit der Kreuzzüge

tötet ein Graf seine Gemahlin sammt der Dienerin mit ihrem Geliebten, da er den Dauphin in dem Gemache seiner Frau findet und straft so die Dienerin als Mitschuldige. Er schenkt dem Versucher das Leben, weil er in dem Nachfolger des Königs seinen künftigen Herrn sieht, dem er die Treue nicht brechen darf, wird aber wahnsinnig, weil seine Ehre befleckt ist. Später gesundet er wieder und wird zur Wiederherstellung seines Namens und seiner Ehre mit der Tochter Blanca des Königs verheiratet. *gedr. Bd. XI, Bl. 175. Madrid oder Barcelona 1618.*

15. **Audiencias del Rey Don Pedro.** — Die Audienz des Königs Peter (des Grausamen).

vgl. Schaeffer I, 122. Behandelt unter der Regierung Peters, des Grausamen die Rachethat eines durch List geschändeten Weibes, die nach Art einer Judith sich rächt und die Angelegenheit dem König unterbreitet.

16. **Las hermanas vandoleras.** — Die Strassenräuberinnen.

vgl. Schaeffer I, 133 ff. Enthält die Geschichte zweier Schwestern, die durch zwei Offiziere ihrer Unschuld beraubt sind, aber durch Ferdinand, den III. (Heiligen) gerächt werden.

V. Gruppe.

Mythologische und antike Stoffe.

Die meisten dieser Stücke nehmen ihre Stoffe aus der antiken Mythe. Sie dienten gewöhnlich dazu als sogenannte „fiestas", d. h. Festspiele, zur Verherrlichung der fürstlichen Persönlichkeiten aufgeführt zu werden und waren mit grossem Pompe ausgestattet. Graf Schack, II, 327 und 328 hat sie hinreichend charakterisiert.

Ich habe hier auch noch diejenigen hergestellt, die auf Stoffe der alten Literatur zurückgehen, da sich dieselben anderwärts nicht gut einreihen liessen. Es ist nicht nötig, hier jedesmal den Inhalt derjenigen anzugeben, aus deren Ueberschriften sich der Inhalt von selbst ergibt. Auch sind sie so reichhaltig an Situationen und Fülle der Fabeln, dass man sie entweder genau besprechen muss oder ganz davon abzusehen hat. Bei denen, wo wir nirgends einen Inhalt haben und wo sich die Fabel des Stückes nicht aus dem Titel sofort ergiebt, habe ich mir vorbehalten, die betreffenden Comedias nach der Weise der vorhergehenden Stoffe zu besprechen.

1. **La fábula de Perseo.** — Die Fabel von Perseus.
Perseo ist dasselbe Stück. Vgl. Schack II, 338; Vapereau S. 2023; Kressner: Einleitung; Schaeffer I, 199. *gedr. Bd. XVI, Bl. 108. Madrid 1622.*

2. **Las mugeres sin hombres.** — Die Frauen ohne Männer.
Auch: Las Amazones. Vgl. Schack II, 328; Schaeffer I, 199. *gedr. Bd. XVI, Bl. 88. Madrid 1622.*

3. **El laberinto de Creta.** — Das Labyrint von Kreta.
vgl. Schack II, 328; Kressner: Einleitung. *gedr. Bd. XVI, Bl. 133, Madrid 1622.*

4. **Adónis y Vénus.** — Adonis und Venus.
vgl. Schack II, 328; Vapereau S. 2023 ff.; Kressner: Einleitung; Schaeffer I, 199. *gedr. Bd. XVI, Bl. 16. Madrid 1622. II. IV, 417.*

5. **El vellocino de oro.** — Das goldene Vliess.
vgl. Schack II, 328; Kressner: Einleitung; Schaeffer I, 197. Es ist interessant, zu bemerken, dass dieses Stück nicht in 3 Jornadas, sondern in 2 Teile geteilt ist. Auch die Loa, mit dem es in dieser Weise zusammen aufgeführt wurde, ist vor dem Stück gedruckt und hat den Zweck, einem spanischen Fürsten zu huldigen. *gedr. Bd. XIX, Bl. 216. Madrid 1624. Sammelband No. 36.*

6. **El Amor enamorado.** — Der verliebte Amor.
vgl. Rapp, Anhg. S. 437 ff. Eine geschickte, kunstvolle Verschlingung verschiedener mythologischer Fabeln wie z. B. die Verwandlung Daphnes in einen Baum, die Tötung des thessalischen Ungeheuers Phyton. Grosser Aufwand und Pracht. *gedr. Vega. Sammelband No. 1.*

7. **El marido mas firme.** — Der treuste Gatte.
vgl. Holland I, 148; Rosa S. 84; Signorelli IV, 72; Montiano S. 47; Velazquez S. 122; Sismondi S. 503 ff.; Schaeffer I, 199. Es behandelt die Geschichte von Orpheus und Eurydice, vermischt mit anderen mythologischen Elementen. Daneben werden wir in das Hirten- und Landleben eingeführt, wo sich einige Liebschaften entspinnen, die mit der Haupthandlung lose verknüpft sind. *gedr. Bd. XX, Bl. 274. Madrid 1625.*

8. **La bella Andrómeda.** — Die schöne Andromeda.
vgl. Lista S. 197; Zárate II, 225; Montiano S. 56. Behandelt die Sage von Perseus und Andromeda. Vgl. Ovid, Metamorphosen: Liber 4, Vers 670 ff. und Liber 5, Vers 1—235; vgl. auch ferner Duran I, 302 a.

9. **La bella Aurora.** — Die schöne Aurora.

vgl. Velazquez S. 122; Rosa S. 84; Signorelli IV, 72; Montiano S. 47. Behandelt die Sage von Kephalos und Prokris. Vgl. Ovid, Metamorphosen: Liber VII, Vers 493 ff.; vgl. Schaeffer I, 197. *gedr. Bd. XXI, Bl. 1. Madrid 1635.*

10. **El esclavo de Roma.** — Der Sklave von Rom.

vgl. Grillparzer VIII, 298. Behandelt die Geschichte des Androklos mit dem Löwen. *gedr. Bd. VIII, Bl. 159. Barcelona 1617.*

11. **El premio de la hermosura.** — Der Lohn der Schönheit.

vgl. Schaeffer I, 197. Aus der Vorrede geht deutlich hervor, dass das Stück ein Festspiel ist und in diese Gruppe gehört. Es wäre besser, Lope hätte es nicht geschrieben. Es ist bestellte Arbeit[1]). Der Idee des Stückes nach läuft alles auf das Lob und den Preis der Schönheit hinaus. Man sieht dem Stück an, dass es auf Befehl und in kurzer Zeit geschrieben und doch muss man es in den einzelnen Teilen hinsichtlich der Fülle der Gedanken und der Schönheit der Sprache bewundern. Wie es darin hergeht, kann man daraus ersehen, dass neben Gott Amor und einer Nymphe Aurora, ein Weiser Ardano und die Magierin Cirsea (Circe?), Menschenfresser[2]), ein Fürst von Ungarn, eine Spanierin Lindabella, ein Fürst von Numidien u. s. w. darin vorkommen. Die Ausstattung und die Pracht der Aufführung ist dieselbe wie in den übrigen hierher gehörigen Stücken. Ein eigentliches „mythologisches" Festspiel ist es jedoch nicht. Der vorhergehende dialogische Prolog in dem Drucke bietet sehr viel Interessantes. *gedr. Bd. XVI, Bl. 2. Madrid 1622.*

Hierher gehören ferner:
1. Hero y Leándro.
2. Psýques y Cupido.
3. La casta Penélope.
4. La Atalanta.
5. La profetisa Casandra.
6. El Amor bandolero. vgl. Schaeffer I, 122 [3]).

---

1) Vgl. Libros raros, Tomo VI, S. 479: Aus der dortigen Abhandlung geht deutlich hervor, dass das Stück in diese Gruppe gehört.
2) Salvajes.
3) *Gedr. Bd. XXIV. Zaragoza 1633.*

VI. Gruppe.

Sagenkreise des Mittelalters.

„An die der antiken Fabelwelt entnommenen schliesst sich eine Reihe von Schauspielen, deren Inhalt Gedichten oder Romanen aus den grossen Sagenkreisen des Mittelalters entlehnt ist. Einige derselben haben in der ganzen, auf Zauberei und sichtbar vorgehende Wunder berechneten Anlage grosse Aehnlichkeit mit den mythologischen". vgl. Schack II, 328—330.

1. **Los palacios de Galiana.** — Die Paläste der Galiana.
vgl. Schack II, 329; Schaeffer I, 135 ff.; Grillparzer VIII, 143; Fastenrath S. 399; Kressner Einl. Es behandelt eine alte Sage über Galiana, die Tochter Galafres.
La Galiana ist dasselbe Stück.

2. **La mocedad de Roldan.** — Die Jugendthat Rolands.
vgl. Kessner Einleit.; Schack II, 329: „ist die anmutige Geschichte, die bei uns durch Uhlands Ballade „Klein Roland" Verbreitung gefunden hat". *gedr. Bd. XIX, Bl. 235. Madrid 1624.*

3. **La pobreza de Reynaldos.** — Die Armut Reinholds.
vgl. Grillparzer VIII, 266; Rapp, Anhg. S. 439; Perron I, 161 ff.; Schack II, 329: „behandelt die Leiden und Thaten des Haimonssohnes Reinhold von Montalban während seines Exils". *gedr. Bd. VII, Bl. 49. Barcelona 1617.*

4. **El Marques de Mantua.** — Der Marquis von Mantua.
vgl. Fastenrath S. 553; Schaeffer I, 135 ff.; Montiano S. 56; Schack II, 329: „ist die der spanischen Umbildung des Traditionen-Cyclus von Karl und seinen Paladinen angehörende Erzählung von Baldovinos und Carloto, die als Volksromanze sehr populär war". *gedr. Bd. XXII, Bl. 141. Madrid 1619.*

5. **El nacimiento de Urson y Valentin.** — Die Geburt Ursons und Valentins.
vgl. Schack II, 329: „Eine dramatische Bearbeitung des abenteuerlichen Romans von den beiden Neffen Pipins, der in seiner Fabel viel Aehnlichkeit mit dem bekannteren vom Kaiser Octavianus hat".
vgl. Rapp, Anhg., S. 438; Grillparzer VIII, 184; Perron III, 53. Es

ist dasselbe wie **Urson y Valentin.** *gedr. Bd. I, Bl. 168. Valladolid 1604.*

  6. **El jardin de Falerina.** — Der Garten von Falerina.
vgl. Schack II, 330.

  7. **Los Zelos de Rodamonte.** — Die Eifersucht Rodamontes.
vgl. Schack II, 330.

  8[1]). **La Circe Angélica.** — Die Circe Angelika.
vgl. Schack II, 330.

  9. **Angélica en el Catay.** — Angelika in Catay.
vgl. Schack II, 330: Grillparzer VIII, 302. Nach Lopes eigener Fortsetzung des Ariost. Schack behauptet, dieses Stück sei wahrscheinlich nicht mehr vorhanden. *gedr. Bd. VII, Bl. 225. Barcelona 1617.*

  10[2]). **Roncesvalles.** — Roncesvalles.
vgl. Schack II, 330.

  11. **La venganza de Gayferos.** — Die Rache des Gayferos.
vgl. Schack II, 330. Vapereau S. 2023.

  12. **Los tres diamantes.** — Die drei Diamanten.
vgl. Schack II, 330; Grillparzer VIII, 201; Uebersetzt von Soden; Kressner, Einleit. Es behandelt die Sage von der schönen Magelone. *gedr. Bd. II, Bl. 230. Lisboa 1612.*

Vermutlich gehören hierher:

  1. El niño diablo. Merlin? Robert der Teufel?
  2. Segundo de Urson.

VII. Gruppe.

Novellen der Italiener und Spanier.

Die Stücken dieser Gruppe beruhen meistenteils auf italienischen Novellen des Boccaccio, Bandello, etc. Vereinzelte finden sich hier auch, die auf die spanische Literatur zurückgehen, doch sind es wohl

---

1) Wahrscheinlich nicht mehr vorhanden No. 6. 7. 8.
2) Dasselbe gilt von No. 10 u. 11.

weniger. Die Fabel ist in allen diesen Stücken ziemlich getreu nachgeahmt, obwohl sie nicht ganz frei von selbst erfundenen Zuthaten sind. Gewöhnlich bestehen diese aus einer hinzugefügten Liebesangelegenheit, die geschickt mit dem Kern der Handlung verknüpft ist. vgl. hierzu Schack II, 330—338.

1. **El mayordomo de la Duquesa de Amalfi.** — Der Haushofmeister der Herzogin von Amalfi.

vgl. Schack II, 330; Kressner: Einleitung. Es ist die 26ste Novelle des Bandello, P. I; Schaeffer I, 101 ff.; *gedr. Bd. XI, Bl. 199. Barcelona oder Madrid 1618.*

2. **Castelvines y Monteses.** — Kastelviner und Montesen.

vgl. Schack II, 331; Dohm S. 333: Lemcke III, 189 ff.; Perron I, 51; Kressner: Einleitung; Rosenkranz S. 603; Schaffer I, 162; Klein X, 340 ff. Behandelt die neunte Novelle des Bandello: P. II. *gedr. Bd. XXV, Bl. 279. Zaragoza 1647. H. IV, 1.*

3. **La quinta de Florencia.** — Das Landhaus von Florenz

vgl. Schack II, 337: „gleichfalls aus einer Novelle des Bandello gezogen". vgl. Grillparzer VIII, 202. Uebersetzt von Soden, S. 100; Schaeffer I, 429 ff. *gedr. Bd. II, Bl. 262. Lisboa 1612.*

4. **El halcon de Federigo.** — Der Falke Friederichs.

vgl. Schack II, 337: „Decamerone. (Giorn. 5. Nov. 9.)" *gedr. Bd. XIII. Bl. 29. Madrid 1620.*

5. **El guante de Doña Blanca.** — Der Handschuh der Doña Blanka.

vgl. Schack II. 338; Dohm S. 333. Rapp, Anhg. S. 440; Lemcke III, 189 ff. Schillers Handschuh-Stoff. *gedr. Vega, Sammelband, No. 15.*

6. **La prueba de los ingenios.** — Die Geistesprobe.

vgl. Grillparzer VIII, 304; Schack II, 338: „ein dem Turandot verwandter Stoff". *gedr. Bd. XI, Bl. 1. Barcelona 1618.*

7. **El marmol de Felisardo.** — Die Statue des Felisardo.

vgl. Schack II, 338: „zeigt in der Handlung auffallende Verwandtschaft mit Shakespeare's „Wintermärchen"." Grillparzer VIII, 259. *gedr. Bd. VI, Bl. 252. Madrid 1615.*

8. **El remedio en la desdicha.** — Das Hülfsmittel im Unglück.

vgl. Schack II, 337: „ist die mit Recht bewunderte Erzählung von Abindarraez und Xarifa aus der Diana des Montemayor.

Es führt auch den Titel **Abindarraez y Narvaez**. vgl. Depping II, 232. *gedr. Bd. XIII, Bl. 152. Madrid 1620. II. III, 133.*

Das Stück ist vorzüglich. Die Liebesgeschichte des Abindarraez und der Xarifa ist wunderbar schön behandelt. Es liegt ein duftiger Hauch der Poesie über diesen Szenen, zu denen die energische, stolze Sprache in den Kriegsscenen im Gegensatz steht. Bei Mauren und Christen charakteristische Figuren.

9. **El anzuelo de Fenisa.** — Der Köder der Fenisa.
vgl. Schack II, 369; Grillparzer VIII, 287; Lista S. 153; Ticknor I, 570 ff.; Vapereau S. 2023; Rosa S. 183: Rosenkranz S. 604; Schaeffer I, 157. Es ist die 10. Novelle des 8. Tages aus dem Decamerone des Boccaccio. vgl. Dunlop S. 246 b. No. 10. Die Heldin ist eine Buhlerin der gemeinsten Art. Nebenher geht noch eine zweite Handlung, die sich nicht bei Boccaccio findet. Es ist eine Liebesaffaire. *gedr. Bd. VIII, Bl. 21. Barcelona 1617. II. III, 363.*

10. **El servir con mala estrella.** — Das Dienen unter einem bösen Stern.
vgl. Grillparzer VIII, 239. Das Stück ist die 1. Novelle des 10. Tages des Decamerone und behandelt das böse Geschick eines französischen Edelmannes am Hofe Alfonsos von Castilien (des deutschen Kaisers während des Interregnums), der diesen Ritter nie für seine Heldenthaten belohnt. Die Kästchenwahl erinnert an Shakespeare's Merchant of Venice: man vgl. hierüber überhaupt Dunlop S. 250, No. 1. *gedr. Bd. VI, Bl. 77. Madrid 1615. II. IV, 47, Sammelband No. 32.*

11. **La doncella Teodor.** — Die Jungfrau Theodora.
vgl. Schack, II, 350; Grillparzer VIII, 306; Ticknor I, 602; Jahrb. S. 122; A. Wolf S. 98. Gegründet auf eine spanische Novelle eines gewissen Aragoniers Alfonso. M. J. Müller in Stzbr. weist nach, dass es eine Erzählung aus 1001 Nacht sei. *gedr. Bd. IX, Bl. 27. Barcelona 1618.*

12. **El ejemplo de la paciencia.** — Das Beispiel von Geduld.
= **El ejemplo de casadas y prueba de la paciencia.** vgl. Grillparzer VIII, 231. Es ist die Geschichte der Griseldis unter dem Namen Laurencia. 10te Novelle des 10ten Tages des Decamerone. vgl. Dunlop S. 252b und 253a; Schaeffer, I, 170.

13. **El Cavallero de Ylléscas.** — Der Ritter aus Ylléskas.
vgl. Schaeffer I, 171. Nach den Worten des Verfassers am Ende:
„Aquí senado se acaba
esta historia verdadera
que halló su autor en Italia
de cavallero de Ylléscas"

vermute ich, dass es ein italienischer Novellenstoff ist, zumal da die ganze Ausführung novellenartig verläuft. Ich habe die Novelle nicht finden können.

Das Stück behandelt die abenteuerlichen Fahrten und Erlebnisse eines Bauern, der durch Glück zum Wohlstande kommt, aber alles verliert und schliesslich bei den Hochzeitsfeierlichkeiten Ferdinands von Aragonien und Isabellas von Kastilien dafür belohnt wird, dass er dem Fürsten das Leben gerettet hat. Der zweite Akt spielt in Italien. Der Bauer als Soldat hat vieles von einem Rodomontadenhelden an sich. *gedr. Bd. XIV, Bl. 124. Madrid 1621.*

14. **No son todos ruyseñores.** — Nicht alle sind Nachtigallen. vgl. Schack II, 373; Rosenkranz S. 604. Es ist die 4te Novelle des Decamerone des Boccaccio am 5ten Tage. vgl. Dunlop S. 234b. *gedr. Bd. XXII, Bl. 19. Madrid 1635. Sammelband No. 26.*

VIII. Gruppe.

Dramatisierte Novellen.

Graf Schack II, 338 ff. charakterisiert diese Gruppe folgendermassen: „Zunächst knüpft sich hier die Betrachtung einer Reihe von Stücken an, deren Charakter sich am füglichsten mit dem Namen „Dramatische Novellen" bezeichnen lässt. Wir meinen solche Schauspiele, in denen die Szenen nur locker und ohne eigentlichen dramatischen Plan an einander gereiht sind, und die ferner durch Anhäufung romanhafter und wunderbarer Ereignisse den Eindruck des Ungewöhnlichen und Ausserordentlichen bezwecken. Freilich gehören hierher schon manche der bisher erwähnten, aber es bleiben noch immer beträchtlich viele übrig, die unter den obigen Rubriken keinen Platz finden konnten, weil sie teils ganz auf der eigenen Erfindung des Dichters beruhen, teils die Traditionen der Novellen, denen sie entnommen sein mögen, sich unseren Nachforschungen entzogen haben. Wenn jemand keine anderen Dramen von Lope kennte als diese, so müsste er von dessen Talent der dramatischen Composition keinen hohen Begriff bekommen; denn Plan und Charakter sind hier nur zu oft dem Trachten nach neuen und überraschenden Situationen, dem Hange zum Wunderbaren und Ungeheuren aufgeopfert u. s. w." vgl. zu dieser Gruppe Schack II, 338—350.

Bei diesen Stücken verzichte ich auf kurze Hinweise auf die Handlung in allen den Fällen, wo schon eingehendere Inhaltsangaben vorhanden sind, weil das novellenartige Verlaufen der Handlung und die Fülle der

Einzelheiten es unmöglich macht. Bei den noch unbekannten und bisher noch nicht erwähnten Stoffen will ich es trotzdem versuchen, weil sie neu sind. Nicht immer finden sich derartige Handlungen, es giebt auch in dieser Gruppe bessere Stücke.

1. **El nuevo Pitagoras.** — Der neue Pithagoras.
vgl. Schack II, 340: Perron III, 88.

2. **La octava maravilla.** — Das achte Wunder.
vgl. Schack II, 439; Grillparzer VIII, 341. *gedr. Bd. X, Bl. 151. Madrid 1621.*

3. **El prodigio de Etiopia.** — Das Wunder Aethiopiens.
vgl. Schack II, 349.

4. **El hombre por su palabra.** — Ein Mann durch sein Wort.
vgl. Schack II, 350; Sismondi IV, 44. — *gedr. Bd. XX, Bl. 153. Madrid 1625.*

5. **La ventura sin buscalla.** — Das Glück, ohne es zu suchen.
vgl. Schack II, 350; Sismondi IV, 44; *gedr. Bd. XX, Bl. 102. Madrid 1625.*

6. **El animal de Ungría.** — Das Tier von Ungarn.
vgl. Schack II, 350; Grillparzer VIII, 317. *gedr. Sammelband No. 2, Bd. IX, Bl. 131. Barcelona 1618.*

7. **El hijo de los leones.** — Der Löwensohn.
vgl. Schack II, 350; *gedr. Bd. XIX, Bl. 98. Madrid 1624. II. II, 217.*

8. **Los pleytos de Inglaterra.** — Die englischen Händel.
vgl. Schack II, 350: Grillparzer VIII, 142. Eine Königin von England gebiert zwei Knaben, wird aber vom König des Ehebruchs beschuldigt und soll getötet werden. Ein Graf rettet sie samt ihren Kindern. Nach einem zwanzigjährigen Kriege treffen sich König und Königin wieder, ohne sich zu erkennen, verlieben sich aber aufs neue. Die Söhne, herangewachsen, gewinnen eine Schlacht. Es wird ihre Geburt offenbar und der vertriebene König, ihr Vater, wird wieder auf den Thron gesetzt und alles endet gut. vgl. 1. Moses, Kap. 38, 27—30. Ein bekannter Stoff.

Es scheint mir, dass sich Grillparzer zu sehr begeistert hat, wenn er die eine Szene über die Liebesszene in „Romeo und Julia" von Shakespeare stellt. *gedr. Bd. XXIII, Bl. 206. Madrid 1638.*

9. **El amigo por fuerza.** — Der aufgenötigte Freund.
vgl. Grillparzer VIII, 223. *gedr. Bd. IV, Bl. 148. Madrid 1614.*

10. **El gallardo Catalan.** — Der tapfere Catalane.
Auch unter dem Titel: **El Catalan valeroso.** vgl. Schack II, 360;

Grillparzer VIII, 195; Lemcke III, 189 ff. *gedr. Bd. II, Bl. 61. Lisboa 1612.*

11. **La Portuguesa.** — Die Portugiesin.
= **La Portuguesa y la dicha del forastero.** vgl. Grillparzer VIII, 176. Behandelt die abenteuerlichen Liebesangelegenheiten einer ziemlich gewöhnlichen Frauensperson, deren Charakter uns gerade zu anwidert. In dem Stück eine Reihe gemeiner Szenen wie z. B. Zusammenkünfte im dunklen Zimmer. Eine Skandalgeschichte in Madrid. Die Bergung des Geliebten hinter dem Bett der Portugiesin erinnert an den Versteck Don Juans bei Byron. Es wird viel portugiesisch in dem Stück gesprochen. *gedr. H. II, 155.*

12. **Servir á buenos.** — Die Verzichtleistung.
Ein sehr unsittliches Stück. Ein König von Frankreich verliebt sich in die Tochter eines Grafen, schläft bei seiner ehemaligen Geliebten statt bei der genannten und verzichtet schliesslich auf diese zu Gunsten eines Neffen des Grafen, der den König überlistet. Voll von unglaublichen Situationen. *Bd. XXIV, Bl. 216. Zaragoza 1641. H. 11, 425.*

13. **La ley ejecutada.** — Das ausgeübte Gesetz.
vgl. Schaeffer, I, 156. Ein wunderlicher Inhalt. Eine Fürstin wird nach einem Gesetz in Ungarn deswegen zum Tode verurteilt, weil sie jemand liebt, der nicht vom königlichen Blut ist. Später stellt sich heraus, dass dieser doch das Gesetz erfüllt und nach langen und vielen Hindernissen nimmt das Stück ein gutes Ende. *gedr. Bd. XXIV. Zaragoza 1633. H. III, S. 181.*

14. **La inocente Laura.** — Die unschuldige Laura.
Behandelt die langen Mühsale und Abenteuer einer unschuldig misshandelten und halb getöteten Gattin, die durch die Verräterei eines Bösewichts in den Verdacht des Ehebruchs gekommen ist. Alles ist sehr weitschweifig und lose an einander gereiht. Eine Fülle von Handlung und kühn behandelter Ereignisse. *gedr. Bd. XVI, Bl. 233 Madrid 1622. H. IV, 475.*

15. **Argel fingido y Renegado de amor.** — Das angebliche Algier und der Renegat aus Liebe.
vgl. Grillparzer VIII, 293. Ein verschmähter Geliebter raubt als verkleideter Seeräuber seine Geliebte nebst seinem Bruder. Nach vielen Ereignissen endet das Stück mit der Befreiung der Gefangenen und die geraubte Jungfrau erhält ihren Liebhaber. *gedr. Bd. VIII, Bl. 89. Barcelona 1617.*

16. **El Hamete de Toledo.** — Der Hamete von Toledo.
vgl. Grillparzer VIII, 308. Die Geschichte eines Mauren, der ge-

fangen wird. Der Dichter begleitet ihn durch eine endlose Reihe von Abenteuern sehr blutiger Art. Das Stück ist nicht gerade sehr sympathisch und stösst durch die Wahl des Stoffes ab. *gedr. Bd. IX, Bl. 55. Barcelona 1618.*

17. **La boda entre dos maridos.** — Die Braut zwischen zwei Gatten.

vgl. Schack II, 360; Grillparzer VIII, 221; Rapp, Anhg. S. 439: „Ein abenteuerlicher Roman, vielleicht nach einer italienischen Novelle. Ein Spanier tritt einem Franzosen die Braut ab und begegnet ihr in Paris beraubt als Bettler". *gedr. Bd. IV, Bl. 156. Madrid 1614.*

18. **Dios hace reyes.** — Gott macht Könige.

vgl. Grillparzer VIII, 122. Eine lange, novellenartige Behandlung in Anlehnung an einen deutschen Kaiser Konrad. Eines von jenen Stücken, in denen wir im ersten Akte ein neugeborenes Kind haben, welches am Ende der Comedia im Mannesalter heiratet. Die Idee wird zum Ausdruck gebracht, dass das Königtum von Gottes Gnaden ist und die menschliche Absicht nicht einen von Gott bestimmten Herrscher zu Fall bringen kann. *gedr. Bd. XXIII, Bl. 258. Madrid 1638.*

19. **La fuerza lastimosa.** — Der unheilvolle Zwang.

vgl. Schack II, 351; Dohm S. 333; Lemcke III, 189 ff.; Grillparzer VIII, 191; Schaeffer I, 157; Klein X, 394 ff. Behandelt die bekannte Geschichte von dem Grafen Alarcos, der seine unschuldige Gemahlin auf Befehl des Königs töten lassen soll. *gedr. Bd. II, Bl. 1. Lisboa 1612. II. III, 257.*

20. **La hermosa Alfreda.** — Die schöne Alfreda.

vgl. Schack II, 358; Grillparzer VIII, 321. Das bei Lope bekannte Motiv, dass ein Gesandter des Königs als Brautwerber für diesen sich in seine künftige Herrscherin verliebt. Auch hier so. Der Gesandte heiratet sie heimlich und lebt mit ihr ziemlich lange, bis der König hinter das Geheimnis kommt und die ihm entrissene Braut beansprucht, die ihm sehr gerne folgt, als sie sieht, dass ihr Gemahl sie um einen Königsthron betrogen hat. Ihr Gatte wird wahnsinnig, so dass sie Reue fühlt und zu ihm zurückkehrt. Aus Freude darüber gesundet dieser, stirbt aber nachher. Der Schluss tragisch. *gedr. Bd. IX, Bl. 181. Barcelona 1618.*

21. **Laura perseguida.** — Die verfolgte Laura.

vgl. Schack II, 359; Grillparzer VIII, 207; Rapp, Anhg. S. 437. Ein Prinz zeugt mit einer nicht ebenbürtigen Dame zwei Kinder, wird auf Befehl des Königs durch eine plumpe Intrigue von ihr getrennt, misbandelt seine in seinen Augen schuldige Frau und verstösst sie.

Schliesslich kommt ihre Unschuld an den Tag. Am Schluss zwei Hochzeitspaare. Anklang an die Szene, wo der Prinz von Aragon seinen Diener die Rolle des Herrn spielen lässt in „Much ado about nothing" von Shakespeare. *gedr. Bd. IV, Bl. 1. Madrid 1614.*

22. **El mayorazgo dudoso.** — **Das zweifelhafte Erbrecht.**
vgl. Grillparzer VIII, 196; Enk S. 57. Die abenteuerliche Geschichte eines Findlings. *gedr. Bd. II, Bl. 93. Lisboa 1612.*

23. **El mejor maestro el tiempo.** — **Der beste Lehrmeister ist die Zeit.**
vgl. Grillparzer VIII, 261; Enk S. 134. Ein König hat zwei hochmütige Kinder, durch deren Gebahren ein Aufruhr entsteht, so dass der König mit ihnen entfliehen muss. Bei einem fremden Herzog tritt er in Hirtendienste und seine beiden Kinder verlieben sich in die des Herzogs. Der König wird nachher von seinem Volke zurückgerufen und eine Doppelheirat schliesst das Stück. *gedr. Bd. VI, Bl. 278. Madrid 1615.*

24. **Los torneos de Aragon.** — **Die Turniere von Aragonien.**
vgl. Schack II, 360; Grillparzer VIII, 219; Rapp, Anhg. S. 439: „Verworrener Roman. Die sich toll stellende Estela ist der einzige pikante Charakter". *gedr. Bd. IV, Bl. 130. Madrid 1614.*

25. **La traycion bien acertada.** — **Der gelungene Verrat.**
vgl. Grillparzer VIII, 181. Eine Darstellung, die an Ungebundenheit selbst den Rahmen einer Novelle überschreitet. Es ist unmöglich, den Inhalt in kurzen, treffenden Worten zu nennen. *gedr. Bd. I, Bl. 217. Valladolid 1604.*

26. **Los Porceles de Murcia.** — **Die Schweinchen von Murcia.**
vgl. Grillparzer VIII, 271; Enk S. 183. Gegründet auf die Sage von einer Bettlerin, die, von einer Dame unkeusch gescholten, die Verläumderin durch einen Fluch verwünscht, so viele Kinder zu gebären wie ein Schwein. Der Fluch geht in Erfüllung und Lope füllt damit 3 Akte, mit vielen Nebenereignissen verknüpft. Es werden sehr viele Kinder in dem Stücke geboren. *gedr. Bd. VII, Bl. 121. Barcelona 1617.*

27. **La prision sin culpa.** — **Die Gefangennahme ohne Schuld.**
vgl. Grillparzer VIII, 296. Nicht möglich, diesen bunten, breit gedehnten, Stoff in kurzen Worten zu behandeln. *gedr. Bd. VIII, Bl. 137. Barcelona 1617.*

28. **Los Ponces de Barcelona.** — **Die Ponces von Barcelona.**
vgl. Grillparzer VIII, 324. Höchst ungereimt und wunderbar. Ein echter Vertreter dieser Gruppe. Die Mittelfigur ist ein flüchtiges

Weib eines Edelmannes aus dem Geschlecht der Ponces von Barcelona, deren Sohn, im Anfange des Stückes geboren, im 2. Akte ein Jüngling, durch die ausserordentlich wunderbar klingenden Verdienste seines Vaters ebenbürtig wird und seine Geliebte heiraten kann. *gedr. Bd. IX, Bl. 207. Barcelona 1618.*

29. **Los donayres de Mático.** — Die Witzworte des Mático.
vgl. Grillparzer VIII, 178; Enk S. 1; Rapp, Anhg. S. 437; Perron I, 11. Nicht möglich, kurzen Inhalt anzugeben: vgl. Klein X, 248 ff. *gedr. Bl. I, Bl. 1. Valladolid 1604.*

30. **Llegar en ocasion.** — Zur rechten Zeit kommen.
vgl. Grillparzer VIII, 254. Sehr gemein. Ein anderer masst sich statt des erwarteten Liebhabers in einem ganz unglaublichen Auftritt dessen Rechte an und bleibt lange Zeit in diesem Verhältnis, das auch mit der Heirat abschliesst. Der andere kehrt zu seiner verlassenen ersten Geliebten zurück, nachdem er eine Zeit lang an der Nase herumgezogen ist und heiratet sie. *gedr. Bd. VI, Bl. 200. Madrid 1625.*

31. **La serrana de la Vera.** — Die Gebirgsbäuerin von la Vera.
vgl. Grillparzer VIII, 282; Rapp, Anhg. S. 440. Behandelt die Thaten eines Weibes. Die Liebhaberin wird eine Räuberin. *gedr. Bd. VII, Bl. 243. Barcelona 1717.*

32. **La serrana de Tórmes.** — Die Gebirgsbäuerin aus Tormes.
Enthält die Irrfahrten einer gewissen Diana, die aus dem Vaterhause fortläuft, weil sie den ihr aufgedrungenen Gatten nicht heiraten will. Nach langer Zeit trifft sie ihren Geliebten, mit dem sie vereinigt wird. Der erste Akt sehr gut und einheitlich. Der zweite und dritte Akt schwächer und langweilig. Es könnte viel fortfallen, was die Handlung nicht beeinträchtigen würde. Man gewinnt den Eindruck, als ob der Dichter den Schluss nicht hätte finden können. *gedr. Bd. XVI, Bl. 155. Madrid 1622.*

33. **La Felisarda.** — Felisarda.
Spielt in Griechenland, Böhmen und verschiedenen andern Orten. Von Einheit und logischer Entwickelung der Handlung keine Spur. Felisarda, die Königin von Griechenland, auf der Suche nach dem gefangenen König von Persien. Mädchenraub, Hirtenszenen, Erscheinungen; alles bunt durch einander. Sogar Apollo kommt darin vor. Am Schluss eine Anzahl Heiraten. *gedr. Bd. XVI, Bl. 211. Madrid 1622.*

34. **El cuerdo loco.** — Der kluge Wahnsinnige.
vgl. Schaeffer I, 171. Beruht auf der Idee, dass ein vom Throne durch die Ränke seiner Stiefmutter gestossener Fürst nach ge-

nossener Speise, die ihm durch Vergiftung hat den Verstand rauben sollen, sich wirklich wahnsinnig stellt, seinen Gegner überlistet und endlich mit seiner Geliebten, die ihm in Treuen beisteht, auf den Thron kommt. Manche Szenen sind sehr gut. *gedr. Bd. XIV, Bl. 266. Madrid 1621.*

35. **El cavallero del sacramento.** — Der Ritter der Hostie. vgl. Grillparzer VIII, 162. Ein Ritter rettet aus einer brennenden Kirche die Hostie, während er seine Geliebte entführen will, die den König von Sizilien heiraten soll. Fromm geworden, vergisst er die Dame und wird nachher eines sträflichen Verhältnisses mit ihr angeklagt, nachdem sie den König geheiratet hat. Eine Stimme und eine fremde, göttliche Gewalt entführen ihn dem Flammentode des Scheiterhaufens und er wird nach Barcelona versetzt, wo er einen Sieg über die Franzosen davon trägt. Später wird der Ritter der Hostie - so genannt nach dem obigen Vorfall — zum Herrscher von Barcelona ausgerufen und heiratet seine Geliebte. *gedr. Bd. XV, Bl. 71. Madrid 1621.*

36. **Los enemigos en casa.** — Die Feinde im Hause. Behandelt den Streit zweier feindlichen Häuser, der in etwas sonderbarer Weise am Schluss beigelegt wird. Der Sohn der einen Familie gerät in die Gefangenschaft der andern, nachdem sein Onkel in einer ganz gemeinen Weise ihn um seine Geliebte, die er selbst hat heiraten sollen und die Tochter der feindlichen Familie ist, gebracht hat. Er wird in dem Hause seiner Feinde sammt seinem Freunde und seinem Diener verborgen und hier benutzt jeder die Gelegenheit, das Glück seiner Liebe zu geniessen, so dass am Ende des Stückes eine grosse Anzahl unehelicher Kinder vorhanden sind. Der Anfang ist gut und erinnert an den Anfang von „Romeo und Julia". Vom zweiten Akt an wird das Stück vollständig unbrauchbar und liefert so viel Unglaubliches, dass man nicht begreifen kann, wie der Verfasser von vielen, herrlichen, Stücken so hat verfahren können. *gedr. Bd. XII, Bl. 47. Madrid 1619.*

37. **Los muertos vivos.** — Die toten Lebendigen. Gründet sich auf den Umstand, dass das Liebespaar dadurch gerettet wird, dass man beide für tot hält, während die Liebenden verborgen getrennt leben. Darüber entbrennt ein Krieg zwischen den Vätern der Kinder, der aber friedlich beigelegt wird, als es sich herausstellt, dass die Kinder der Fürsten leben, die nun nach langer Irrfahrt und vielen Erlebnissen verheiratet werden. *gedr. Bd. XVII, Bl. 83. Madrid 1622.*

38. **El juez en su causa.** — Der Richter in seiner Sache. = **El juez de su misma causa.** vgl. Grillparzer VIII, 145. Novellenartig. Doch gehört es zu den Besten dieser Gruppe. Ein König giebt den Befehl, seine unschuldige Gemahlin mit ihrem vermeintlichen Galan zusammen töten zu lassen, um sich ungehindert in den Besitz einer anderen Fürstin setzen zu können, die er liebt. Königin und Edelmann genesen von ihren Wunden, die sie empfangen, da der Stoss des Mörders nicht tötlich gewesen ist. Nachher bereut der König die That, wird von einem anderen Könige besiegt, gefangen genommen und spricht selbst das Todesurteil über sich aus. Doch die beiden tot Geglaubten leben ja, es wird ihm verziehen und der König vereinigt sich aufs neue mit seiner Gemahlin, die ihn grossmütig wieder aufnimmt. *gedr. Bd. XXV, Bl. 459. Zaragoza 1647. Bd. XXIV. Madrid 1640.*

39. **El leal criado.** — Der treue Diener. Ein junger Edelmann aus Mailand knüpft in Paris ein Liebesverhältnis an; er verlässt seine Geliebte auf einige Zeit, in der sie ihm einen Knaben gebiert, vorher aber vor dem Zorn des Vaters fliehen muss und durch die Treue eines Dieners vom Tode errettet wird. Später heiratet sie ihren Geliebten, wobei sich der Diener ferner als treu erweist. Daher der Name des Stückes.

Grillparzer VIII, 162 sagt mit Recht, dass die eigentliche Fabel des Stückes schon im ersten Akte behandelt ist. *gedr. Bd. XV, S. 174. Madrid 1621.*

40. **El valor de las mugeres.** — Der Wert der Frauen. vgl. Schaeffer I, 176. Die lange Geschichte eines durch Verräterei gefangenen Grafen, der durch die Liebe seiner Dame gerettet wird und nach vielen Mühsalen ihre Hand erhält. Am Schluss fehlt ein Blatt No. 103. *gedr. Bd. XVIII, Bl. 284. Madrid 1623.*

41. **La ingratitud vengada.** — Die gerächte Undankbarkeit. vgl. Cervantes, Don Quijote, I. Cap. 48, [S. 259—261 des 2. Bandes der Braunfels-Uebersetzung.] Ein gewissenloser Liebhaber betrügt seine Geliebte und bringt ihr Vermögen durch. Daneben unterhält er mit einer anderen Dame ein Liebesverhältnis. Später kommt seine Schlechtigkeit an den Tag und er wird zur Strafe in völlig hülfloser Lage seinem Schicksal überlassen. Spielt in Italien. *gedr. Bd. XV, Bl. 293. Madrid 1621.*

42. **La prudencia en el castigo.** — Die Klugheit in der Züchtigung.
vgl. Schaeffer I, 116. Ein blutiges Drama, in welchem die gefallene

Gemahlin eines Königs von Sizilien mit ihrem Geliebten durch die Hände ihres Gemahls den verdienten Tod findet.

IX. Gruppe.

Lustspiele.

Ganz im Gegensatz zu den vorhergehenden Gruppen zeigt sich der Dichter bei diesen Stoffen dem Leser von der genialsten Seite seiner Fruchtbarkeit. vgl. hierzu Schack II, 363—381: „Eine grosse Anzahl von Lope's Werken kann endlich mit dem Namen „Lustspiel" bezeichnet werden, wenn man dabei nur an ein höheres poetisches Lustspiel denkt, nicht an die verächtlichen, der Literatur gar nicht mehr angehörigen Schilderungen gemeiner Alltags-Auftritte, die man auf den heutigen Bühnen so nennt". etc. „Mit einem Worte, das spanische Lustspiel, wie es von Lope de Vega aufgefasst wurde, ist, was es immer sein muss, wofern es unsere Achtung verdienen soll, wesentlich ein Gedicht; es hebt aus der Fülle des Lebens und seiner Erscheinungen nur das Bedeutende hervor." . etc. Man vergleiche Schack II, 363 ff.

1. **El palacio confuso.** — Der Palast der Irrungen.
vgl. Sismondi IV, 40; Schack II, 369: „ein Stück, wo Aehnlichkeit zweier Fürsten, die wechselsweise ihren Namen vertauschen und so die verkehrten Akte ihrer Regierung wieder gut machen, die Verwickelung begründet". *gedr. Bd. XXIV. Madrid 1640.*

2. **Amar sin saber á quien.** — Liebe, ohne zu wissen, wen.
vgl. Schack II, 370 Lemcke III, 189 ff.; Vapereau S. 2023; Kressner: Einleit.; Rosa S. 182; Rosenkranz S. 603; Klein X, 239 ff. Eine junge Dame befreit aus Dankbarkeit einen Edelmann, der ihren Bruder vor der Justiz gerettet hat, aus dem Gefängnis und heiratet ihn nach Beseitigung von Hindernissen. *gedr. Bd. XXII, Bl. 149. Madrid 1635. Bd. XXII. Zaragoza 1630. II. 11, 443.*

3. **Los ramilletes de Madrid.** — Die Blumensträusse von Madrid.
vgl. Schack II, 373. Gründet sich darauf, dass ein junger Kavalier sich als Gärtner verkleidet, um in den Besitz der Geliebten zu kommen. *gedr. Bd. XI, Bl. 51. Madrid oder Barcelona 1618. H. IV, 303.*

4. **El mayor imposible.** — Das Unmöglichste von allen.
vgl. Schack II, 374; Klein X, 23 ff. . Dohm S. 323; Carriere S. 399;

Lemcke III, 189 ff. Uebers. von Braunfels. Kressner: Einleit.; Rosenkranz S. 604; Schaeffer I, 164. Das Stück zeigt in vollendeter Weise, wie unendlich schwer es ist, ein Weib zu hüten. *gedr. Bd. XXV, Bl. 133. Zaragoza 1647. H. II, 465.*

5. **El acero de Madrid.** — Das Stahlwasser von Madrid.
vgl. Schack II, 377; Lafond 315; Holland I, 209; Ticknor I, 579; Lemcke III, 189 ff.; Vapereau S. 2023; Rosa S. 183; Rosenkranz S. 604; Kressner: Einl.; Klein X, 419 ff. Gründet sich auf die List, dass die Geliebte sich krank stellt und den Geliebten als Arzt braucht, der ihr das Madrider Stahlwasser verordnet, wodurch sie Gelegenheit finden, sich zu sehen und zu lieben. *gedr. Bd. XI, Bl. 27. Madrid oder Barcelona 1618. H. I, 365.*

6. **La hermosa fea.** — Die schöne Hässliche.
vgl. Schack II, 377; Rosa S. 183; Schaeffer I, 127; Rosenkranz S. 604; Grillparzer VIII, 147. Erobert wird hier die Geliebte dadurch, dass der Fürst, ihr Geliebter, das Gerücht verbreitet, ihre Hässlichkeit habe ihn abgeschreckt, während er unter einem anderen Namen eine Intrigue anzettelt und sie gewinnt. *gedr. Bd. XXIV, Bl. 22. Zaragoza 1641. H. II, 349.*

7. **La boba para los otros y discreta para sí.** — Die Dumme für die andern und die Schlaue für sich.
vgl. Schack II, 378; Ticknor I, 585; Schaeffer I, 154 ff.; Lemcke III, 189 ff.; Vapereau S. 2023. Eine Fürstin stellt sich wahnsinnig und erlangt durch diese List den ihr rechtmässig zukommenden Thron. *gedr. Bd. XXI, Bl. 45. Madrid 1635. H. II, 523. Sammelband No. 6.*

8. **La noche Toledana.** — Eine Nacht in Toledo.
vgl. Schack II, 378; Grillparzer VIII, 335; Schaeffer I, 166. Eine verlassene Geliebte folgt ihrem Geliebten als Dienstmädchen verkleidet und es entwickelt sich in einem Wirtshause eine Intrigue, bei welcher alle getäuscht werden und endlich die verkleidete Liebhaberin ihren Geliebten heimführt. *gedr. Bd. III. Madrid 1613. H. I, 203.*

9. **El secretario de sí mismo.** — Sein eigener Geheimschreiber.
vgl. Schack II, 379; Grillparzer VIII, 253; Rosenkranz S. 604. Ein Herzog von Mailand giebt seinen Sohn einem Ritter in Pflege, um ihn vor seiner Mutter zu schützen. Bei einer geplanten Hochzeit mit der Prinzessin von Mantua schiebt der Ritter seinen eigenen Sohn unter, aber durch einen Zufall lernen sich der wahre Sohn des Herzogs von Mailand und die Prinzessin von Mantua kennen und lieben. Der Betrug kommt an das Licht und das Liebespaar wird vereint. *gedr. Bd. VI, Bl. 177. Madrid 1615.*

10. **La villana de Xetafe.** — Die Bäuerin von Xetafe.
vgl. Schack II, 379; Bouterweck S. 328; Rosa S. 182. Ein Landmädchen zieht durch ihre raffinierten Streiche einen Edelmann in ihre Netze. *gedr. Bd. XIV, Bl. 26. Madrid 1621.*

11. **Los milagros del desprecio.** — Das Wunder der Verachtung.
vgl. Schack II, 379; Dohm S. 333; Carriere S. 399; Lemcke III, 189 ff.; Vapereau S. 2023; Dohrn, Teil II, Uebersetzung; Kressner: Einleit.; Rosa S. 182, 183: Schaeffer I, 127; Klein X, 210 ff. Durch verstelltes, gleichgültiges, ja abstossendes Wesen erringt ein Liebhaber die Liebe einer Frau. *gedr. H. II, 235. Sammelband No. 23.*

12. **El perro del hortelano.** — Der Gärtnerhund.
vgl. Schack II, 380; Dohm S. 327; Lafond S. 247; Ticknor I, 579; Lemcke III, 189 ff.; Vapereau S. 2023 ff.; Braunfels: Gräfin und Zofe[1]). Kressner: Einleitung; Carriere S. 394; Rosa S. 182; Schaeffer I, 166; Klein X, 183 ff. Eine Liebschaft einer Zofe und eines Edelmanns. Der Herrin Eifersucht stört das Glück der Liebenden: die Letztere tritt aber schliesslich mit ihrer Liebe zu dem Edelmann zurück und vereint ihre Zofe mit demselben. *gedr. H. I, 341. Sammelband No. 28. Bd. XI, Bl. 1. Madrid oder Barcelona 1618.*

13. **La viuda de Valencia.** — Die Wittwe aus Valencia.
vgl. Schack II, 380; Lemcke III, 189 ff.; Bouterwek S. 371; Kressner: Einleitung. Es ist gleich: **La viuda Valenciana.** Schaeffer I, 152; Klein IX, 563 ff. Die Bemühungen und Intriguen einer jungen schönen Wittwe, einen Liebhaber unerkannt zu erobern, was ihr auch gelingt, bilden den Inhalt des Stückes. Voll der schönsten Szenen und heiterer Komik. *gedr. H. I, 67. Bd. XIV. Bl. 99. Madrid 1621.*

14. **La bella mal maridada.** — Die schöne, schlecht Vermählte.
vgl. Schack II, 380; Grillparzer VIII, 201; Holland I, 209; Rosa S. 182. Ein unzufriedenes Weib, das ihren Mann hinters Licht führt und sich von jedem die Cour schneiden lässt. Grillparzer hat in seinem Urteil, es sei langweiliges Zeug, vollständig recht. Wenig Handlung. *gedr. Bd. II, Bl. 208. Lisboa 1612.*

15. **El ausente en el lugar.** — Der Abwesende am Platze.
vgl. Schack II, 380; Grillparzer VIII, 312. Ein Liebhaber giebt vor, abgereist zu sein, um dadurch seine Geliebte zu strafen, bleibt

---
[1]) In deutscher Bearbeitung.

aber unter andern Namen, ohne erkannt zu werden, bei ihr und hieraus entstehen eine Reihe von Verwickelungen. *gedr. Bd. IX, Bl. 79. Barcelona 1618. II. I, 249.*

16. **Los amantes sin amor.** — Die Liebhaber ohne Liebe.

vgl. Schack II, 380. Gehört zu den Stücken, in welchen die Eifersucht die Triebfeder der Handlung ist. Voll der köstlichsten Szenen. Spannende Handlung, getragen von lebhaftem Intriguenspiel. Die Figuren sind scharf gezeichnet, vor allen der komische Alte, der sich so gern in renommierendem Tone seiner Soldatenzeit erinnert. Die Schnelligkeit des Dialoges in kurzen, treffenden Antworten ist unübertrefflich.

Es handelt sich darum, eine junge Dame zu überlisten. Diese wird schon drei Jahre von einem Liebhaber angebetet, der aber noch nicht zu seinem Ziel gelangt ist. Neben ihm begünstigt sie viele Verehrer. Da plant der Galan mit einem Freunde eine List. Dieser soll sich nämlich verliebt stellen und prüfen, ob die Liebe der Dame zu seinem Freunde wahr oder überhaupt nur alles Koketterie ist. Doch die zu Ueberlistende ist schlauer als der Freund und dupiert ihn wiederholt. Die Geliebte dieses Freundes wird aber eifersüchtig, da sie alles für Ernst hinnimmt und sich von ihm verraten glaubt und bricht mit ihm. Mit List weiss sich aber Don Lorenzo — so heisst der Freund — wieder das Vertrauen seiner Geliebten zu verschaffen und schliesslich wird auch die spröde Geliebte des ersten Liebhabers dadurch gewonnen, dass Don Lorenzo seinen Freund scheinbar im Duell tötet, bei welcher Gelegenheit der wahre Schmerz und die aufrichtige Trauer um den vermeintlich Getöteten ihm die Liebe zu dem Freund verraten. Alles wird nach vielen Irrtümern und komischen Vorfällen aufgeklärt und das Stück schliesst mit einer dreifachen Hochzeit. *gedr. Bd. XIV, Bl. 1. Madrid 1621.*

17. **Al pasar del arroyo.** Beim Ueberschreiten des Baches.

vgl. Schack II, 381; Schaeffer I, 166. Eine Liebesgeschichte zwischen Jacinta und ihrem Lebensretter Don Cárlos, der die Geliebte beim Ueberschreiten eines Baches mit Namen Brañigal vor der Wut eines Stieres rettet und mit Hilfe seines Dieners in den Besitz der Geliebten kommt. Zu verwerfen ist die plötzliche, grundlose Untreue gegen seine frühere Geliebte. Don Luys spielt eine recht traurige Rolle. *gedr. Bd. XII Bl. 95. Madrid 1619. II. 1, 387.*

18. **El Alcalde mayor.** — Der Stadtrichter.

Ein Weib entflieht in Männerkleidern, vergisst ihren Geliebten, wird ein berühmter Rechtsgelehrter und heiratet später ihren Geliebten.

Die Rolle der verkleideten Rosarda erinnert an die Rolle der Porzia im „Merchant of Venice" von Shakespeare. Die letzten Szenen von dramatischer Schönheit. Vgl. 1. Moses, Kap. 38, 27—30: Die Geburt der Zwillinge Perez und Serah von Thamar ist hier von dem Dichter zu einem Teil der Fabel verwendet. Vgl. Act II, Szene 3 bei H. IV, 25:

„..... pues despues nacido
Saqué primero la derecha mano
Y fuí por una cinta conocido".

„ Allerdings nachher geboren,
Zog ich zuerst die rechte Hand heraus
Und wurde dann an einem Band erkannt".

gedr. Bd. XIII, Bl. 1 (152). Madrid 1630. H. IV, 25.

19. **El Arenal de Sevilla.** — Das Flussufer von Sevilla.

Behandelt die Geschichte einer verlassenen Liebhaberin, die durch Verkleidung und allerhand Ränke nachher den Geliebten verfolgt. In den ersten Auftritten des ersten Aktes recht lebhafte Volksszenen, die uns das Leben und Treiben Sevillas sehr veranschaulichen. gedr. Bd. XI, Bl. 223. Madrid oder Barcelona 1618. H. 1, 527.

20. **Amor, pleito y desafío.** — Liebe, Prozess und Zweikampf.

Ein schuftiger Edelmann stiehlt seinem Freunde dadurch die Braut, dass er seinen Vornamen, der mit dem seines Freundes übereinstimmt, misbraucht, wodurch eine Reihe von Liebesintriguen, ein Prozess, ein Duell entstehen. Der König legt sich ins Mittel, bestraft den falschen Freund und giebt die Liebenden zusammen. gedr. Libros raros. Tomo 6. 1 ff. Bd. XXIV. Zaragoza 1633.

21. **Amor, pleito y desafío.** — Liebe, Prozess und Zweikampf.

steht im XXII. Bde., Bl. 173. Madrid 1635. Es ist **Alarcons Ganar amigos.** Vgl. Schack Nachträge S. 45.

22. **Amor con vista.** — Liebe macht blind.

vgl. Schack, Nachträge, S. 45: „**Amor con vista.** Autograph. Datiert Madrid, den 10. Dezember 1626. Erlaubnis zur Darstellung. Es de las muy buenas Comedias que ha escrito Lope de Vega" etc.

Diejenigen Schriftsteller, die bis in den Anfang dieses Jahrhunderts allein Gegner von Lope de Vega gewesen sind, haben ihm vor allen Dingen den Vorwurf gemacht, dass er sich nicht an die drei Einheiten der Zeit, des Ortes und der Handlung gehalten habe. Sie standen eben noch vollkommen unter dem Einfluss der Franzosen und waren mit der Entwickelung des spanischen Theaters durch Lope de Vega absolut nicht zufrieden, weil sie das kühne Verfahren des genialen Dichters, der alle Schranken des Ueberlieferten durchbrach, nicht billigten. Lope de Vega erkannte, dass es bei den Verhältnissen seiner Zeit und dem leicht erregbaren Charakter seiner Landsleute unmöglich war, bei den alten vorgeschriebenen Grundsätzen nach klassischem Muster zu bleiben. Auch konnte die fruchtbare Phantasie und die reich angelegte Natur des Dichters sich nicht einem Zwange unterwerfen. Lope de Vega musste freie Bahn haben, sonst hätte er nie die spanische Bühne zu einer grossartigen Höhe gebracht. Es mögen ja eine ganze Reihe seiner Schöpfungen nichts taugen, aber es ist kein einziges Stück vorhanden, an dem wir in literarhistorischem Sinne nicht etwas zu bewundern hätten und wäre es auch nur die Kühnheit der Idee oder der ewig abwechselnde Reichthum seiner Ausdrücke. Die Gründe seines individuellen und originalen Schaffens liegen, wie gesagt, in den Verhältnissen seiner Zeit und seines Selbst und er hat in der Schrift: **Arte nueva de hacer comedias en este tiempo, dirigido á la Academia de Madrid.** Madrid 1609[1]) dieses hinreichend auseinandergesetzt. Doch soll man nicht glauben, er hätte nicht nach klassischem Muster schreiben können, im Gegenteil lässt sich aus den folgenden Versen, die sich am Ende des Gedichtes befinden, schliessen, dass sechs seiner Komödien hiernach geschrieben sind:

„Porque, fuera de seis, las demás todas
Pecaron contre el arte gravemente".

Ich glaube nicht, dass diese sechs zusammen gedruckt und herausgegeben sind, denn Lope de Vega nennt sie nirgends mit Namen. Nur der Zufall kann uns darauf hinführen, sie zu finden, wenn uns jene drei Einheiten bei ihnen frappant in die Augen springen. Ich glaube, dass dieses Stück eins von jenen sechs ist, ebenso wie die Komödie „**La ilustre fregona**" und ich vermute auch, dass das Stück „**Lo que pasa en una tarde**" hierher gehört, welches mir leider nicht zu Gesicht gekommen ist. Ich möchte aber darauf hinweisen, dass es höchst selten ist, wenn bei Lope de Vega eine Handlung in einer so kurzen Zeit vor sich geht. Aus diesem Umstande kann man aber auch auf die Einheit und den raschen Fortgang der Handlung schliessen

---

1) Gedr.: *Biblioteca de autores Españoles. Tomo XXXVIII, 232 ff.*

und es ist nicht unmöglich, dass sich das Stück an demselben Orte zuträgt [1]).

Alle diese drei Hauptpunkte treffen aber bei der hier zunächst zu behandelnden Komödie in einer Weise zu, die sonst Lope de Vega auch im feinsten Lustspiel fremd ist. In **Amor con vista** dauert die Zeit einen Tag, eine Nacht und einen Tag. Die ganze Handlung spielt sich in und vor dem Hause der Fénis ab, also die Einheit des Ortes ist vollständig gewahrt. Die Handlung ist vollständig einheitlich und wird nicht von einer anderen gekreuzt und eine eigentliche Parallelhandlung, wie wir sie bei Lope de Vega charakteristisch vorfinden, fehlt vollständig. Dazu kommt noch das Urteil über das Stück, welches wir bei Schack in den Nachträgen finden. *gedr.* *Libros raros*, *T. 6. S. 121.*

Es folge jetzt zur Kenntnisnahme des Inhaltes eine Analyse des Stückes:

Amor con vista.

Personen.

Graf Octavio.
Julio.
Lisena } Schwestern.
Celia
César } Fénis' Liebhaber.
Leonardo
Graf Fabricio, Fénis' Vater.
Ein Kapitän.
Flora, Dienerin.
Albano, Diener.
Fénis, Geliebte Octavios.
Tomé, Octavios Diener.
Vizekönig von Neapel.

— · —

Ort: Neapel.

1. Akt.

Celia, eine junge Dame in Neapel, will sich mit einem Mailänder verheiraten, mit dem sie in Briefwechsel steht, ohne ihn persönlich zu kennen. Um seine persönliche Bekanntschaft zu machen, erwartet sie stündlich seine Ankunft, denn er hat seine Abreise schon angemeldet. Noch im Gespräch mit ihrer Schwester Lisena, wird der Fremdling, Graf Octavio, gemeldet. Beide sind mit dem gegenseitigen Eindruck zufrieden und der Graf empfielt sich, um sich von den Anstrengungen der Reise zu erholen. Er ist entzückt über seine künftige Gemahlin, und die Pracht der Zimmer und die Aufmerksamkeit, mit der man ihm entgegenkommt, behagen ihm sehr. Während er sich mit seinem Diener Tomé in dem Flur des Hauses darüber unterhält, stürzt eine fliehende Dame auf die Szene und bittet um seinen ritterlichen Schutz. Ohne weiter zu zögern, weist ihr Octavio im Hause ein Versteck an. Kaum hat sie sich verborgen, so erscheint ein alter Mann mit gezogenem Degen und fragt den Grafen, ob er nicht eine fliehende Dame gesehen habe. Der Graf gesteht dies ein,

---

[1] Schack, Nachträge, S. 46.

fügt jedoch hinzu, um den Alten auf eine falsche Fährte zu leiten, er habe die Dame in eine Sänfte steigen sehen, die von vier handfesten Soldaten begleitet worden wäre. Wütend kehrt der Alte um, mit einer Verwünschung gegen einen gewissen Leonardo auf den Lippen. Die Ueberraschungen sind jedoch noch nicht zu Ende für den Grafen, denn schon wieder erscheinen zwei Personen auf der Bildfläche, César und sein Diener, die sich ebenfalls nach dem Verbleib der Dame erkundigen. Auch diesen teilt der Graf dasselbe mit. César stürzt davon, nachdem er dem Grafen gedankt hat.

Octavio selbst befindet sich in der grössten Verlegenheit. Seine Stellung als Gast im Hause seiner künftigen Frau erlaubt ihm nicht, eine fremde Dame im Hause zu verbergen und doch hat er mit der Fremden Mitleid, deren Leben in Gefahr zu schweben scheint und die so viele Verfolger hat. Aus ihrer Erzählung geht hervor, dass sie Fénis heisst und die Tochter des Grafen Fabricio ist, desselben Alten, der sie mit gezücktem Schwert verfolgt hat. Die Veranlassung dazu ist folgende gewesen. Zwei Edelleute, César und Leonardo haben schon lange um sie geworben, obwohl sie immer abgewiesen sind. Um Leonardo die Hoffnung zu nehmen, hat der Erste eines Tages öffentlich damit geprahlt, dass er Beweise der Liebe von Seiten der Fénis habe. Leonardo, um seinerseits nicht zurückzustehen, hat dasselbe gethan. Der Vater, erzürnt über diese Widerwärtigkeit, zwingt seine Tochter, César zu heiraten. Der Tag wird festgesetzt, die Verwandten und die Zeugen sind anwesend, die Hochzeitspapiere sollen unterzeichnet werden, da — kurz entschlossen, schreibt Fénis ein energisches Nein und ergreift die Flucht; ihr Vater hinterdrein, um die Ungehorsame mit dem Tode zu bestrafen. So hat sie Octavio aufgenommen, sie verborgen und, gerührt von ihrem Schicksal und ihrer Schönheit, den eigenen Zweck seiner Heirat mit Celia darüber vollständig vergessen. Ihr selbst hat er angegeben, sein Name sei Cárlos und er halte sich in dem Hause Celias auf, um für seinen Freund, einem Mailänder Grafen Octavio um sie zu werben.

Die Antwort, die er dem Grafen Fabricio und César gegeben hat, veranlasst beide, zu glauben, dass Leonardo Fénis verborgen habe und sie stellen ihn zur Rede. Dieser, selbst erstaunt über das Verschwinden seiner Angebeteten, versichert seine Unschuld. Alle drei begeben sich jetzt zu dem Grafen Octavio, um ihn zur Rede zu stellen. Aber auch hier ist nichts auszurichten, denn nicht Octavio hat den Namen Leonardos ausgesprochen, sondern der Graf Fabricio. Sie müssen unverrichteter Sache wieder abziehen und Fénis ist und bleibt verschwunden. Bei César und Leonardo hält das gegenseitige Mistrauen vor.

Octavio hat Fénis mittlerweile seine Liebe gestanden und Erwiederung gefunden. Die Nacht bricht herein und Tomé schliesst die Versteckte in ein Zimmerchen ein, dessen Fenster nach dem Garten hinausgeht und errichtet ihr dort eine Lagerstatt von der Hälfte des Bettzeuges seines Herren. Octavio begiebt sich in den Speisesaal, um das Nachtmahl mit Celia einzunehmen.

2. Akt.

Celia und Lisena, ihre Schwester, unterhalten sich am andern Morgen über den Grafen. Dieser hat eine sehr schlechte Nacht verbracht und kein Auge geschlossen, teils aus ungestillter Sehnsucht, teils aus Besorgnis für seinen Schützling. Der Diener schildert ihm die Schönheit Fénis, die er durch das Schlüsselloch am vergangenen Abend beobachtet hat. Sie erscheint, begrüsst

den Grafen, erklärt, ihn verlassen zu wollen, denn sie hat aus einem zu laut
geführten Gespräch mit Celias Dienerin Flora, erfahren, dass ihr Geliebter der
der Herrin des Hauses bestimmte Gatte ist. Alle Mittel der Zärtlichkeit vermögen
nicht, die gekränkte und eifersüchtige Geliebte zu beruhigen und nur die plötzliche Ankunft Césars veranlasst sie, ihr Versteck wieder aufzusuchen. Die Anwesenheit des Grafen ist inzwischen bekannt geworden und César bietet ihm
sein Haus an. Celia, die den Edelmann fortgehen sieht, erfährt von Octavio,
dass es der Liebhaber einer gewissen Fénis sei, erzählt ihr die ganze Angelegenheit und seine Braut hat nichts Ungeschickteres zu thun als den Widerstand
der Fénis lächerlich zu finden.

Der Vizekönig von Neapel hat inzwischen durch Briefe von Mailand die
Anwesenheit des Grafen an demselben Tage erfahren und beeilt sich ebenfalls,
demselben seine Aufwartung zu machen. Er wird gerade in diesem Augenblicke
gemeldet und Celia, die nicht gern bei ihrem Verlobten, von dessen Verhältnis
zu ihr bis jetzt noch niemand etwas weiss, angetroffen werden will, sucht ein
Versteck auf und gerät an das Zimmer, in welchem Fénis verborgen ist. Zu
ihrem grössten Erstaunen ist dasselbe verschlossen und der schlaue Tomé behauptet, den Schlüssel verlegt zu haben. Inzwischen tritt der Vizekönig ein
und Celia ist gezwungen zu bleiben. Im Lauf des Gespräches wird der folgende
Tag von dem Herzog von Neapel zur Hochzeit mit Celia festgesetzt, aber der
Graf will die Gelegenheit noch hinausschieben, weil er behauptet, seine Kleider
und Edelsteine seien noch nicht angekommen. Fénis, die im Nebenzimmerchen
das ganze Gespräch angehört hat, öffnet von innen die Thür ihres Versteckes
und geht, mit einem Mantel bekleidet, durch das Zimmer zum Hause hinaus,
den Grafen Octavio durch diesen unsinnigen Streich der Eifersucht in die töt-
lichste Verlegenheit setzend. Doch weiss er sich auszureden, als ihn Celia,
vor Ueberraschung gleichsam erstarrt, zur Rechenschaft zieht. Er behauptet,
es sei eine ihrer Freundinnen, die erzählt habe, sie stehe mit dem Vizekönig
in einem Liebesverhältnisse. Um ihr den Anblick einer falschen Freundin zu
ersparen, habe Tomé sie in dem Zimmerchen verborgen. Zum Glück für ihn
stimmt Lisena bei, die eine gewisse Doña Angela im Verdacht hat, weil sich
diese schon öfter in der Kirche in klatschsüchtiger Weise über Celias Putz-
sucht aufgehalten habe. Die Letztere glaubt es nicht und schreibt sofort an
jene Dame einen Brief, um sich von der Wahrheit persönlich zu überzeugen.
Tomé, der der entflohenen Fénis nachgeeilt ist, kehrt unverrichteter Sache
zurück. Diese, durch einen Schleier verhüllt, trifft zufällig vor dem Hause mit
Leonardo zusammen, der erfahren hat, dass Fabricio die ganze Angelegenheit
dem Vizekönig in die Hände geben will. In dem Augenblicke, als die ver-
schleierte Dame seine Aufmerksamkeit erregt, erscheint César mit seinem Diener
Albano. Sie wird sofort erkannt und er gerät mit Leonardo dadurch in Streit,
der seinerseit keine Ahnung hat, dass die Dame die verschwundene Fénis ist.
Sie ziehen und entfernen sich fechtend. Diesen günstigen Augenblick nehmen
Octavio und Tomé, die ihr nachher gefolgt sind, wahr und es gelingt ihnen
nach vieler Ueberredung, den verscheuchten Flüchtling wieder in sein Versteck
zurück zu bringen.

3. Akt.

Der Zweikampf zwischen César und Leonardo ist nicht entschieden worden,
sondern durch das Volk gestört und in folge dessen erhält der erstere die Aufforderung, allein mit seinem Gegner nach dem Berge Pausilippo mit einer

Barke überzusetzen, um den Kampf dort ungestört zu Ende zu bringen. César bereitet sich zu dem Gange vor, zieht aber unter seine Kleidung einen stählernen Kettenpanzer für den Fall, dass ihm Verrat droht.

Die Gewänder und Edelsteine sind inzwischen für Octavio angekommen, mit denen er Fénis kostbare Geschenke macht. Der Zweikampf hat zwischen den erbitterten Gegnern stattgefunden und Leonardo flieht zu dem Grafen Octavio, um bei ihm Schutz vor den Wachen des Vizekönigs zu suchen [1]. Aus Leonardos Bericht erfahren wir, dass er seinen Feind wegen seiner Ueberlegenheit hinterlistig mit der Pistole niedergeschossen und ihn in der Nähe eines Gartens an einsamer Stelle für tot liegen gelassen hat. Obwohl Octavio diese Niederträchtigkeit nicht billigen kann, bietet er ihm doch seinen Schutz an und lässt ihn durch Tomé in ein Versteck bringen. Fabricio hat dem Vizekönig das Verschwinden seiner Tochter und auch das Duell mitgeteilt und dieser schwört, Leonardo zu strafen, auch weil er glaubt, dass dieser Fénis gefangen hält. Da meldet der Kapitän der Wache, dass César lebt, der gefangen vor dem Vizekönig geführt wird und die ganze Duellgeschichte demselben mitteilt, aus der wir erfahren, dass er seine Rettung seinem Stahlpanzer zu verdanken hat.

Im Hause Celias zieht sich jetzt ein Unwetter über dem Haupte Octavios zusammen, hervorgerufen durch Flora, die behauptet, dass wiederum eine Dame im Hause versteckt sei, was Celia gern glaubt, da sich herausgestellt hat, dass Octavio damals gelogen hat. Octavio leugnet wiederum und berichtet von dem Zweikampfe, und um die Wahrheit zu beweisen, weist er auf den verborgenen Leonardo hin. Man verlangt die Schlüssel zu dem bewussten Zimmer und Celia ist erstaunt, statt einer Dame einen Mann heraus treten zu sehen, der sich in ihren Schutz stellt. Fénis ist vorher anderwärts versteckt. Doch die Aufregungen sind noch nicht vorüber; der Vizekönig, Fabricio, Albano, Julio, der Kapitän, treten herein und verlangen, dass man ihnen Leonardo ausliefere, über dessen Aufenthalt man Genaues wisse. Ein Zufall leitet den Kapitän zu dem Versteck der Fénis, die er verhüllt in das Zimmer führt; sie giebt sich zu erkennen, bittet aber darum, nicht entschleiert zu werden. César wird gerufen und der Vizekönig will sie verheiraten, aber Leonardo erscheint und fleht um Verzeihung wegen des Zweikampfes. Zu seiner grössten Freude sieht er César lebend vor sich und sie versöhnen sich. Jetzt erklärt es sich auch, dass Leonardo nichts von der Anwesenheit der Fénis gewusst hat, denn sie beide, er und César, sind von Octavio hintergangen. Auch Celia ist unschuldig, der aber jetzt alle Lust vergangen ist, den Grafen zu heiraten, einerseits, weil sie sieht, dass er und Fénis sich lieben, andererseits ist sie mit Recht auf den Grafen wegen des ihr mitgespielten Streiches schlecht zu sprechen. César hat auch seine eigenen Gedanken über Fénis und ferner alle Lust verloren, mit dem Grafen zu rivalisieren. Er und Celia kommen darin überein, dass es nicht gut ist, sich der Liebe blind zu ergeben und sehen in sich selbst diejenigen, die zu einander passen. Sie bitten den Vizekönig um die Erlaubnis, sich heiraten zu dürfen, während Octavio Fénis, Lisena Leonardo heimführt. Tomé schliesst sich als viertes Paar mit Flora an.

---

[1] Sehr wichtig für die Einheit des Ortes ist der Umstand, dass das Duell nicht auf offner Szene stattfindet, sondern uns mitgeteilt wird.

23. **La ilustre fregona**¹). Die vornehme Küchenmagd.
vgl. Grillparzer VIII. 149: Novelle des Cervantes? Rosa S. 183:
Schaeffer I. 273. gedr. Bd. XXIV, Bl. 89. Zaragoza 1641.

Personen.

Don Diego, Liebhaber.
Ein Bürgermeister.
Doña Clara.
Antonio.
Doña Juana.
Don Diego, Alter.

Don Tomás de Abendaño.
Pepin, sein Diener.
Don Pedro.
Ein Gastwirt.
Don Juan de Abendaño.
Ein Kammerdiener.

Ein Musiker.

Schauplatz: Toledo.

1. Akt.

Don Diego, ein junger Edelmann aus Burgos, trifft auf der Strasse in Toledo, wo er sich seit kurzem aufhält, seinen Jugendfreund Don Thomas de Abendaño, den er in seiner Vaterstadt glaubt. Der letztere hat Burgos verlassen, weil er sich in ein von Don Diego ihm geschicktes Bild einer schönen, jungen Dame verliebt hat und zwar so leidenschaftlich, dass die Sehnsucht ihn nach Toledo trieb, um den Gegenstand seiner Liebe zu sehen und zu erobern. Die Ueberraschung ist auf beiden Seiten, als sich die beiden Freunde so unvermutet treffen, gross, denn D. Diego wird auch durch die Liebe in dieser Stadt zurückgehalten. Auf den Wunsch seines Vaters hat er sich von Barcelona aus nach Amerika einschiffen sollen, um drüben sein Glück zu machen, aber das Schicksal hat ihm Doña Clara, die Tochter des Stadtbürgermeisters in der Eglesia Mayor in den Weg geführt und der junge Edelmann vermag sich nicht von Toledo zu trennen.

Gegenüber dem Bürgermeisterhause liegt eine Schenke, in welcher sich D. Diego, verkleidet, wie es einem Gaste in einem Wirtshause zweiten Ranges geziemt, einzulogieren gedenkt, da der Balkon der Bürgermeistertochter gerade einem Fenster des Zimmers gegenüber liegt, in welchem Diego seinen Wohnsitz aufschlagen will. Die Verkleidung soll dazu dienen, um seinen Stand zu verbergen, damit er sich nicht verrät. Alles dieses teilt Diego seinem Freunde Thomas mit und giebt ihm auch Nachricht, wer die junge Dame ist, deren Bild er ihm geschickt hat. Es ist Constanza, die in ebendemselben Wirtshause als Küchenmagd den häuslichen Geschäften obliegt und von der man behauptet, dass der Wirt ihr Oheim sei. Schön und von feinen Manieren, die man bei einer Magd nicht gewohnt ist, hat sie, ohne es zu wollen, Don Pedro, den Bruder Claras, in sich verliebt gemacht, so dass sie schon seit langem täglich die Werbungen des ungestümen Liebhabers erdulden muss. Doch alle Bemühungen des Edelmannes sind vergeblich gewesen und an der Tugend und dem Stolze Constanzas gescheitert. In einem kleinen Zimmerchen verweilt sie den Tag über bei ihrer Arbeit, ohne sich um die Huldigungen Don Pedros zu küm-

---

1) Siehe S. 59.

mern. Wie hat unter solchen Umständen D. Diego das Bild des unzugänglichen und stolzen Mädchens erhalten können? Im Auftrage Don Pedros hat ein Maler sie durch eine Spalte der Wand von seinem Zimmer aus gesehen und gemalt. Jedoch hat dieser wegen eines Streites das Bild nicht Don Pedro gegeben, sondern es an D. Diego verkauft, der es, wie wir wissen, Don Tomás nach Burgos geschickt hat. Pepin — der Gracioso des Stückes — Tomás' Diener, erklärt sich bereit, seinem Herrn mit List zu seinem Ziele zu verhelfen und den Nebenbuhler Don Pedro unschädlich zu machen.

Der Schauplatz wird jetzt nach dem Wirtshause verlegt. Wir finden dort vor der Thür Constanza, bedrängt von den Liebesbeteuerungen Don Pedros, dem es endlich geglückt ist, die stolze Schöne zu treffen. Seine Mühe ist vergeblich. Die Küchenmagd weist den Liebhaber ab, da sie sich zu gut für des Edelmannes Geliebte und zu schlecht für dessen Frau hält. Mit diesen Worten lässt sie Don Pedro stehen, der jetzt an die Schlauheit seines Dieners Antonio appelliert, dem er eine grosse Belohnung verspricht, wenn er ihn zum Ziele führt. Mitten im Gespräch über dieses Thema sieht Don Pedro seine Schwester Doña Clara, und zwar zu seinem grössten Erstaunen nur von einem Diener und nicht von der Mutter begleitet, auf dem Wege zur Messe näher kommen. Beide verbergen ihre Verlegenheit, er aus Furcht, die Schwester könnte seine Liebschaft merken, sie aus Besorgnis, dass der Bruder ihre Absicht durchschaut, ohne die Mutter ausgegangen zu sein, in der Hoffnung, Don Diego zu treffen und ihn zu sprechen. Der letztere ist mit seinem Freunde und Pepin nicht unthätig gewesen. Der Wirt, welcher glaubt, Constanza einen Vorwurf machen zu müssen, und auch wohl eifersüchtig ist, schilt sie wegen ihres Zusammentreffens mit dem Sohne des Bürgermeisters aus, den er bei der nächsten Gelegenheit hinauswerfen will; sein Redestrom wird durch die Ankunft Don Tomás de Abendaño unterbrochen, der in sehr gewöhnlicher Kleidung auftritt. Er behauptet, der Diener von mehreren Herren zu sein, die ihn wegen einer plötzlichen Krankheit in einer Schenke haben liegen lassen, die er mit dieser vertauschen wolle, weil jene zu schlecht und ungesund sei. Auf seine Bitten wird ihm ein Zimmer gewährt. Gleich darauf erscheint auch Don Diego in einer Reisekleidung, unscheinbaren Aussehens, und bittet den Gastwirt, dem er sich als Diener eines reichen Mannes, der an der fixen Idee leide, der schönste Mensch Spaniens zu sein und allen Weibern am besten zu gefallen behauptet, für sich und seinen Herren um ein Zimmer. Nach einigem Widerstreben des Wirtes gelingt es, sich und seinen Herren einzuquartieren, der nicht lange auf sich warten lässt und in reicher, aber lächerlicher Kleidung sich dem Wirt als einen Liebhaber aus Profession (amante al uso) vorstellt. Dieser fingierte Narr ist natürlich unser Pepin. Tomás beobachtet inzwischen alles ganz teilnahmslos und stellt sich, als ob er die beiden neuen Gäste nicht kenne. Der Zufall will, dass des Wirtes Diener den Tag vorher fortgegangen ist und Pepin schlägt Tomás vor, den er vorher scheinbar für den Diener der Schenke gehalten hat, die Stelle des fortgelaufenen Knechtes zu ersetzen. Nach einigem Sträuben nimmt er den Vorschlag an, um den Wirt nicht argwöhnisch zu machen und der Letztere ist froh, Ersatz gefunden zu haben. Er nennt sich Tomás Pedro. Einige Worte Constanzas, die die Neugier hergetrieben hat, verraten Pepin, dass sie sich in den neuen Diener verliebt hat.

2. Akt.

Don Pedro, seinerseits nicht müssig, übergiebt seinem Diener Antonio einen

Brief für Constanza und beauftragt ihn, ihr diesen auf irgend einem Wege zuzustellen. Einen zweiten Auftrag für ihn hat Doña Clara. Er besteht ebenfalls in der Besorgung eines Briefes, der an D. Diego in dem Wirtshause abgegeben werden soll. Antonio eilt dorthin, sich seiner Aufträge zu entledigen. Das Glück ist auch Tomás günstig gewesen, denn es ist ihm gelungen, ein Stelldichein mit Constanza für die kommende Nacht verabredet zu haben und er beschliesst, sie vorher über seine Person aufzuklären. In dem Augenblicke, als er Pepin in dieser Absicht einen Brief für sie übergeben will, erscheint die Küchenmagd selber. Er lässt daher den Brief direkt an seine Adresse gelangen und Pepin weiss auch Constanza durch seine Worte dahin zu bringen, dass sie dem Inhalte des Briefes glaubt und nicht einer Verbindung mit dem Geliebten abgeneigt ist, obwohl ihr der Unterschied ihrer Stände grosse Sorgen macht. Antonio hat inzwischen das Wirtshaus erreicht und frägt nach dem Diener Tomás Pedro, dem er den Brief seines Herrn für Constanza zur weiteren Besorgung zu übergeben gedenkt. Tomás weigert sich jedoch unter dem Vorwande, der Wirt könne Verdacht schöpfen und ihn zum Hause hinauswerfen. Pepin übernimmt die Besorgung des Briefes und nennt Antonio das Zimmer Don Diegos. Kaum ist der Diener fort, um sich des zweiten Briefes zu entledigen, als D. Tomás den Brief erbricht und durch Kenntnisnahme des Inhaltes in grosse Wut und Eifersucht verfällt. Er fürchtet Don Pedros Einfluss als Sohn des Bürgermeisters. Um sich zu trösten, zieht er das Bild Constanzas hervor und vertieft sich in das Studium der schönen Züge des Antlitzes. So findet ihn die Küchenmagd und glaubt, er schaue so verzückt ein fremdes Bild an, denn sie kann ja nicht ahnen, dass es ihr eigenes ist. Erst auf wiederholtes Rufen bemerkt er ihre Gegenwart, eilt auf sie zu und wiederholt ihr mit Worten, was der Brief ihr schon gesagt hat. Doch sie, von Eifersucht erregt und von dem Glauben erfüllt, von ihm verraten zu sein, begegnet ihm sehr ungnädig und eilt erzürnt davon mit einer Anspielung auf das Bild. Tomás hat nicht die Zeit, ihren Irrtum aufzuklären. Während D. Diego freudestrahlend mit der Botschaft auf ihn zukommt, dass er in der nächsten Nacht Doña Clara in den Armen halten werde, antwortet Don Tomás kaum und zeigt eine mürrische Miene.

Don Pedro, der natürlich seine Antwort von Constanza vergeblich erwartet, da ja der Brief von Don Tomás unterschlagen und erbrochen wurde, sucht Pepin auf, beklagt sein Misgeschick und beschliesst, in der folgenden Nacht seiner Geliebten ein Ständchen zu bringen. Der Wirt ist inzwischen durch einen Zufall hinter das Liebesverhältnis Constanzas mit dem neuen Diener gekommen. Durch das Schlüsselloch blickend, hat er Tomás schreiben und ein Bild auf dem Tische liegen gesehen. Unter einem Vorwande ist darauf Tomás aus dem Zimmer entfernt worden und der Wirt hat sich das Geschriebene und das Bild in diebischer Weise angeeignet. Beides überreicht er Constanza, die erstaunt in dem Bilde ihre eigenen Züge erkennt. Das Gedicht ist eine glühende Liebesepistel, welche den Kummer ausdrückt, seine Geliebte erzürnt zu haben. Der Wirt beschliesst, seinen neuen Diener am anderen Tage hinauszuwerfen und verkündigt Constanza, dass sie von hoher Abkunft ist. Er bittet sie ferner inständig, ihre Tugend zu wahren und weder der Liebe des Tomás Pedro noch irgend einem andern Liebhaber Gehör zu schenken. Constanza aber eilt nach dem Fortgange des Wirtes zu ihrem Geliebten, glücklich über das aufgeklärte Misverständnis, welches sie beinahe von Tomás getrennt hätte, erzählt ihm, dass der Wirt alles wisse und warnt ihn vor demselben; ferner drückt sie ihre Freude aus, dem Geliebten ebenbürtig zu sein und der Akt schliesst mit einem zärtlichen Abschiede der Liebenden.

3. Akt.

Don Diego spricht von der Strasse aus mit Doña Clara, die sich auf dem Balkon an einem Fenster befindet und gar um 2 Uhr nachts. Sie bittet ihren Galan, etwas vorsichtiger zu sein, damit ihr Bruder und ihr Vater keinen Verdacht schöpfen. Diego beschliesst hierauf, nach Burgos zu seinem Vater zu senden, um durch eine dritte Person Claras Vater und Bruder über seine wahre Persönlichkeit aufzuklären und eine schnelle Heirat herbeizuführen. Ihr Gespräch wird durch die Ankunft Don Pedros unterbrochen, der Constanza ein Ständchen bringen will. Clara zieht sich vom Fenster zurück, um nicht von ihrem Bruder erkannt zu werden. Tomás ist währenddessen mit Pepin zu seinem Freunde gestossen und es entspinnt sich ein Kampf gegen Don Pedro und dessen Diener. Auf Bitten des Freundes kämpft der Letztere gegen den Diener, um nicht den künftigen Schwager Don Diegos zu verwunden, während der Letztere mit Don Pedro kämpft und es so geschickt zu leiten weiss, dass auf beiden Seiten keine Verwundungen vorkommen. Auf seine Vorstellungen hin weiss er sogar den künftigen Verwandten zu bewegen, den Streit zu unterbrechen und sich zu entfernen.

Das Geräusch des Kampfes lockt den Bürgermeister von Toledo, den Vater Doña Claras und Don Pedros mit seinen Begleitern aus dem Hause, um die Ruhestörung der Nacht zu verhindern. Don Diego, Don Tomás und Pepin ziehen sich in das Wirtshaus zurück und der Bürgermeister folgt ihnen, ohne in ihnen einen der Ruhestörer zu vermuten. Er beauftragt Tomás, der, wie wir wissen, noch immer die Rolle eines Dieners spielt, den Wirt und „die vornehme Küchenmagd" herbeizuführen, denn er wünscht sie zu sehen. Die Liebesangelegenheit seines Sohnes macht ihm, dem vornehmen Mann, Verdruss, denn die ganze Stadt spricht davon, zumal da die Schönheit Constanzas berühmt ist. Er will endlich der Sache ein Ende machen, doch kaum sieht er das Mädchen, als er selbst von der Schönheit geblendet wird und seinen Sohn entschuldigt. Aus dem Munde des Wirtes erfährt er jedoch eine wunderbare Geschichte über die vornehme Abstammung des Mädchens. Vor 20 Jahren ist nämlich eines Tages eine feine Dame in der Schenke ausgestiegen und hat hier einem Kinde das Leben geschenkt. Um die Sache geheim zu halten, hat sie unter dem Vorwande einer Pilgerfahrt ihre Vaterstadt Burgos heimlich verlassen. Doch sie ist blos bis Toledo gekommen, denn kräftige Wehen haben ihre schnelle Niederkunft angezeigt. In aller Stille ist Constanza geboren und der Wirt hat sie aufgezogen. Vor der Abreise der fremden Dame ist ihm die Hälfte eines kunstvoll angefertigten Pergamentes überreicht worden nebst der Hälfte einer goldenen Kette mit dem Befehle, diese Sachen so lange aufzuheben, bis eines Tages jemand die dazu gehörigen Stücke vorzeigen und damit sich als den Vater des Kindes ausweisen würde. Ausserdem ist eine bedeutende Summe Geld dem Wirt zur Erziehung zurückgelassen worden. Doch bis jetzt hat sich noch niemand nach dem Kinde erkundigt und Constanza ist zu einer blühenden Jungfrau herangewachsen, über deren Tugend der Wirt mit Argusaugen gewacht hat, da er sie nämlich selbst als sein Weib hat heimführen wollen. Mit grossem Erstaunen hat der Bürgermeister die Geschichte des Wirtes angehört und verspricht Stillschweigen.

Die Kunde von dieser geheimen Unterredung ist aber zu den Ohren des Don Tomás gedrungen und er beauftragt Pepin, den Inhalt derselben bei Constanza auszuforschen, denn er glaubt, der Wirt habe ihr alles wieder erzählt. Pepin kehrt zu seinem Herrn zurück und meldet diesem mit Schrecken die Ankunft seines Vaters Don Juan de Abendaño, des Vaters Diegos Diego und seines Freundes Kousine Doña Juana. Hat schon die Unterredung des Bürgermeisters unserm Liebhaber Sorge gemacht, um so mehr dieses plötzliche Ereignis, denn er fürchtet, von seinem Vater entdeckt zu werden. Er schliesst sich in folge dessen mit Don Diego und Pepin in seinem Zimmern ein und Constanza beschliesst, die Wahrheit von Pepins Aussagen zu erforschen, doch sie muss auf Befehl des Wirtes auf ihrem Zimmer bleiben.

Es verhält sich in der That so, wie Pepin gesagt hat. Inzwischen hat Don Juan de Abendaño seinen alten Freund, den Bürgermeister, herbeirufen lassen und ferner den alten Don Diego, Doña Juana, den Wirt und Constanza. Als sie alle versammelt sind, entpuppt sich das vornehme Küchenmädchen als Tochter des — alten Don Diego, also als Schwester des jungen Don Diego. Der Alte hat vor circa 20 Jahren ein Weib auf der Jagd zu betören gewusst und sie, eine Wittwe, hat ihm eine Tochter geboren, wie er vor ganz Kurzem von einem alten Diener der verstorbenen Wittwe erfahren hat. Alle Bemühungen von seiner Seite, die junge Wittwe nach dem Zusammentreffen auf der Jagd wieder zu sehen sind umsonst gewesen. Der alte Diener hat ihm eine Geldsumme und einen Kasten gegeben, in welchem sich die Hälfte einer goldenen Kette und eines Pergamentes befunden haben. Auch ein Schreiben hat ihm den Aufenthaltsort seiner erwachsenen Tochter verraten und er ist jetzt gekommen, sie als seine legitime Tochter anzuerkennen und abzuholen. Die Probe, welche der Wirt mit der anderen Hälfte der Kette und des Pergamentes macht, bestätigt die Aussagen Don Diegos. Don Diego, sein Sohn und Don Tomás haben, verborgen in der Nähe, die ganze Verhandlung mit angehört und sind erstaunt über den glücklichen Ausgang der Dinge. Jetzt tritt Don Pedro zu seinem Vater, dem Bürgermeister, um um die Hand Constanzas zu bitten. Schon will dieser die Einwilligung geben, als Don Tomás hervorstürzt und sich seinem Vater zu erkennen giebt, während Don Diego in dem zweiten Hervortretenden seinen Sohn erkennt, den er weit jenseits des Ozeans glaubt. Sie erklären die Gründe ihrer Anwesenheit und ihrer Verkleidung und der alte Don Juan de Abendaño giebt seinen Segen zur Hochzeit seines Sohnes mit Constanza, die ihrerseits Don Pedro ausschlägt. Der Bürgermeister giebt auch seine Einwilligung zur Hochzeit seiner Tochter Clara mit dem Sohne seines alten Freundes Don Diego und der verschmähte Liebhaber Don Pedro entschädigt sich dadurch, dass er Doña Juana die Hand zum Ehebunde reicht. Pepin, der treue Diener, wird für seine Dienste mit einer grossen Summe belohnt.

Zeit: 24 Stunden.

24. **Las bizarrías de Belisa.** — Die Prunksucht der Belisa.

vgl. Schaeffer I, 163; Klein X, 270 ff. Schildert die wechselseitige und veränderliche Liebe einer jungen Dame zu zwei Liebhabern.

gedr. Vega. II. II, 557. Sammelband No. 5.

25. **La discreta enamorada.** — Die schlaue Verliebte.

vgl. Grillparzer VIII, 176; Schaeffer I, 169. Behandelt die Listen eines verliebten Weibes, die, nachdem sie ihre Mutter und den für sie bestimmten Gatten überlistet hat, an das Ziel ihrer Wünsche kommt. Das Stück ist voll von Humor und die Komik der Szenen zeigt, mit welcher Meisterschaft der Dichter derartige Stoffe zu behandeln weiss. Die Heldin überrascht durch die Schlagfertigkeit ihrer Worte sowohl als auch durch die Gabe, durch immer neue erfundene Intriguen sich aus der Verlegenheit zu ziehen. *gedr. H. I, 155.*

26. **De cosario á cosario.** — Einer überlistet den anderen.

vgl. Schaeffer I, 125: Inhalt. Ein verwickeltes Gewebe von Intriguen in Lustspielhandlung. *gedr. Bd. XIX, Bl. 1. Madrid 1624. H. III, 483.*

27. **La despreciada querida**[1]). — Die verschmähte Geliebte.

vgl. Schack, Nachträge S. 49. Der Dichter spinnt drei Akte hindurch die Handlung durch Verwechselungen und Irrungen. Eine Dame giebt sich für ihre Kousine aus und diese übernimmt ihre Rolle. Sie reisen an den Hof des Königs von Ungarn, wo sie zwei Edelleute durch ihre Namensveränderung irre machen, die zuletzt nicht wissen, von welcher von beiden ein jeder geliebt wird. Schliesslich klärt sich das Misverständnis auf und jeder erhält seine rechte Geliebte. *gedr. Bd. XXIV. Madrid 1640. H. II, 327.*

28. **El desprecio agradecido.** — Die angenehme Verachtung.

Ein Edelmann flüchtet sich in das Haus einer Dame und verliebt sich in sie. Ein Vetter, den sie heiraten soll, lernt den Kavalier kennen und dieser ist zufällig sein alter Freund. Beide wollen sich durch beiderseitigen Rücktritt an Edelmut übertrumpfen. Im entscheidenden Augenblicke weist der Vetter die Hand der Dame zurück und verachtet sie. Davon der Titel des Stückes. Der Edelmann ist maskiert anwesend und heiratet dieselbe. Ausserdem eine Reihe von Intriguen. *gedr. Vega. Sammelband No. 10. H. II, 251. Bd. XXV, Bl. 45. Zaragoza 1647.*

29. **La gallarda Toledana.** — Die schöne Toledanerin.

Der Liebhaber des Stückes verliebt sich auf der Reise nach Toledo zu seiner ihm bestimmten Braut in Madrid in Leonarda und vergisst, dass er in Toledo gebunden ist. Die verlassene Braut erfährt von dem Diener des Edelmanns die ganze Geschichte und reist in Männerkleidern nach Madrid, wo sie durch Klugheit und

---

1) Vgl. Schack, Nachträge S. 60, wonach es nicht von Lope de Vega, sondern von Juan de Villégas ist. Hartzenbusch hat es Lope zugeschrieben.

Liebe den ihr untreu gewordenen Geliebten zurückerobert. *gedr. Bd. XIV. Bl. 55. Madrid 1621.*

30. El bobo del colegio. — Der Narre des Kollegs.
vgl. Schaeffer I, 171. Gehört zu den Stücken, in denen der Geliebte in einer Verkleidung und durch List in den Verkehr mit seiner Geliebten kommt und sie zu seinem Weibe macht. *Bd. XIV. Bl. 243. Madrid 1621. H. I, 179.*

31. Un hombre de bien. — Ein Ehrenmann.
vgl. Grillparzer VIII, 237; Schaeffer I, 164. Ein vorzügliches Stück. Ein Edelmann weiss dadurch, dass er als seinen Namen „Ein Ehrenmann" angiebt, den König zu täuschen, der ihn auf alle mögliche Art und Weise in seinen Plänen zu stören sucht. *gedr. Bd. VI, Bl. 51. Madrid 1615. H. IV, 187. Sammelband No. 17.*

32. Hay verdades que en amor. — Nur in der Liebe siegt die Wahrheit.
Eine junge Dame verliebt sich in einen Edelmann, der in ihrem Hause Schutz sucht. Er erhört ihr Liebesflehen nicht. Schliesslich macht sie ihn eifersüchtig und nun erhört sie ihn nicht. Nach einigen Intriguen heiraten sie sich, da die wahre Liebe doch den Sieg davon trägt.

Der Stoff ist aus einer Romanze genommen, die gedruckt ist bei Duran II, 490: **Ay verdades que en amor.** Nur ist das Liebespaar in andere Verhältnisse hineingerückt.

„¡Ay verdades, que en amor
Siempre fuisteis desdichadas!
Buen ejemplo son las mias,
Pues con mentiras se pagan!
Cuando traté con engaños
Tu verdad, Filis ingrata,
¡Qué de quejas vi en tus ojos!
¡Qué de perlas vi en tu cara!
¡Oh qué de veces te dije,
Cuando á mi puerta llamabas,
En vano llama á la puerta
Quien al corazon no llama!
Mis pastores te decian:
— No está Fabio en la cabaña —
Y estaba diciendo yo:
— ¿Para qué busca quien cansa? —
A tus quejas solamente

Daban respuesta las aguas;
Porque murmuraban, Filis,
Que no porque te escuchaban.
Acuérdome que una noche
Me dijiste con mil ansias:
— Déjate, Fabio, querer,
Puesque no te cuesta nada.
— No quiero yo que me quieras,
Que como amor es el alma,
Nunca vi mujer discreta
Que bien quisiese forzada. —
En el umbral de tu puerta
Reñiamos hasta el alba,
Tú, porque habia de entrar,
Yo, por no entrar en tu casa.
— Castiguen, Fabio, los cielos,
Dijiste desesperada,

El fuego con que me hielas,
Y el hielo con que me abrasas. —
Porfiaste, hermosa Filis,
Todo el porfiar lo acaba;
Que quien piensa que no quiere,
El ser querido le engaña.
En el trato ni en el tiempo
Nadie tenga confianza,
Que se pasan sin sentir,
Y se sienten cuando pasan.
Tanto te vine á querer,
Que juntos nos envidiaban,
La luna, al bajar la noche,
El sol, al salir el alba.
Los prados, montes y selvas,
De vernos se enamoraban;
Verdes lazos aprehendian
Las yedras enamoradas.
Mas bajando en este tiempo
De las heladas montañas,
Silvio, tu antiguo pastor,
Trajo de allá tu mudanza.
No perdiste la ocasion,
Pues cuando yo te adoraba,
De mis pasados desdenes
Quisiste temar venganza.
Filis, ya muero por tí:

Confieso que se me pasan
En tus umbrales las noches,
Los dias á tus ventanas.
No llamo, porque imagino
Que has de responder airada:
„¿Para qué llama á la puerta
Quien al corazon no llama?"
Si finjo que no te quiero,
Es invencion de quien ama;
Que cuando tú no me miras
Hago espejo de tu cara.
Prendas que tú dabas, Filis,
Y de que yo me enfendaba,
Agora las visto y pongo
Sobre los ojos y el alma.
No te encarezco mis penas,
Por no dar gloria á la causa;
Basta que yo la padezca,
Sin que tú tomes venganza.
No quieras mas de que son
Las locuras de amor tantas,
Que vengo á poner la boca
Adonde los piés estampas:
Mas con todo lo que digo
No pienso hablarte palabra;
Que en celos que se averiguan,
Las amistades se acaban".

(Primavera y flor de los mejores romances.) *gedr. Bd. XXI, Bl. 25. Madrid 1635.*

33. **El premio del bien hablar.** — Der Lohn des guten Leumundes.

vgl. Ticknor I, 585; Zárate II, 219; Vapereau S. 2023; Schaeffer I, 164. Ein Edelmann tritt auf der Strasse für die Ehre einer beleidigten Dame ein, muss wegen eines Kampfes fliehen und verbirgt sich in demselben Hause dieser Dame, ohne es vorher gewusst zu haben. Er heiratet sie nachher. *gedr. Bd. XXI, Bl. 158. Madrid 1635. H. I, 493.*

34. **Por la puente Juana.** — Ueber die Brücke, Johanna.

vgl. Schack II, 380; Ticknor I, 586; Lemcke III, 189; Vapereau S. 2023; Rapp: Uebers. IV, 247; Rosa S. 182; Schaeffer I, 164. Enthält die Liebesgeschichte einer Toledanerin, die in der Verkleidung einer Dienerin durch List und Schlauheit ihren Geliebten wieder findet und ihn heiratet. Die Verkleidung giebt zu einer Reihe von Intriguen Anlass, die alle höchst vollendet durchgeführt sind. Rapp hat teilweise sehr schlechte Verse, die im Bau sehr zu wünschen übrig lassen. Auch hätte er besser gethan, dem spanischen Versmass treu geblieben zu sein. Durch den fünffüssigen Jambus geht viel von der spanischen Eigenart verloren. Die Handlung gründet sich auf folgende Romanze: [1])

„*Por la puente Juana,*
que no por el agua.
Agora que el tiempo
con mano franca
de jazmin, y rosas
compone tu cara.
Y dan tus cabellos
el oro de Arabia,
dan tus dientes perlas,
y tus labios grana.
Tu proueccho busca,
mira no te engañen
de mancebos locos
las promessas falsas.
No aguardes que el tiempo
con la mano elada
marchite las rosas,
buelua el oro en plata.
Vas por agua agora
desnuda, y descalça,
sin ver que los tiempos
passan como el agua.
Tiene el interes
una puente larga,
que llega a las Indias
sin lleuar armada.
Passo de discretas,
y puente que passan
los cuerpos vestidos
enxutas las almas.
Por la puente Juana,
que no por el agua.
Si a la Primauera
De tu edad dorada,
en tierras valdias
siembras esperanças.
Al estio ardiente
cogeras turbada
arrugas del rostro,
del cabello canas.
Los papeles tiernos
no te engañen Juana,
que al fin son papeles
plumas y palabras.
Si llouieren ojos
hechizeras ansias,
capote en los tuyos,
que no passe al agua.
Y si por ventura
sirenas te cantan,
a sus dulces versos
tus oydos tapa.
Porque no ay sonido
de viguela de arco,
que iguale al que hazen
con plata las armas.
La puente que digo
las tiene a la entrada,
agora está abierta,
cerraránle, si tardas.
„*Por la puente Juana,*
que no por el agua".
gedr. Bd. XXI, Bl. 243. Madrid 1635. H. 11, 541.

---

1) *gedr. R. F.: Laberinto Amoroso de los mejores, y mas nueuos Romances, que hasta aqui ayan salido à luz. Barcelona 1618.* Herausg. v. K. Vollmöller. **No. 9, S. 95.**

35. **Servir á señor discreto.** — Einem klugen Herrn
dienen.

vgl. Schaeffer I, 165. Ein ausgezeichnetes Lustspiel. Ein Edelmann aus Madrid verliebt sich in Sevilla in eine Dame, wird wieder geliebt, muss sie aber wegen Armut verlassen und tritt in den Dienst eines Grafen, der ihm in edler, selbstloser Weise zu seinem Ziele verhilft. *gedr. Bd. XI, Bl. 97. Madrid oder Barcelona 1618. H. IV, 69.*

36. **La mal casada.** — Die schlecht Verheiratete.

vgl. Schaeffer I, 153 ff. Eine Dame wird mit Gewalt an einen alten Mann verheiratet, der nach zwei Monaten stirbt. Die Ehe ist so unglücklich gewesen, dass sie in Madrid unter obigem Namen bekannt war. Eine zweite gezwungene Ehe mit einem Krüppel wird geschieden und sie heiratet schliesslich ihren Liebhaber. Schwach. *gedr. Bd. XV, Bl. 1. Madrid 1621. H. II, 289.*

37. **La mayor virtud de un rey.** — Die grösste Tugend
eines Königs.

vgl. Rapp, Anhg. S. 440; Schaeffer I, 163. Verherrlicht die Gerechtigkeitsliebe eines Königs. Ein Liebhaber raubt die Geliebte, bricht sein Wort und wird durch die Bitten seiner Geliebten gerettet. *gedr. Vega. H. III, 77. Sammelband No. 20.*

38. **El molino.** — Die Mühle.

vgl. Grillparzer VIII, 189. Eine Mühle ist der Schauplatz von Listen, die ausersonnen werden von einem als Müllerburschen verkleideten Grafen, der seine Geliebte, eine Herzogin, sich so erwerben will. *gedr. Bd. I, Bl. 279. Valladolid 1604. H. II, 21.*

39. **Los locos de Valencia.** — Die Narren von Valencia.

vgl. Rapp, Anhg. S. 441; Schaeffer I, 169; Klein IX, 568 ff. Das Irrenhaus von Valencia ist der Schauplatz von Liebesaffairen, die sich zwischen verschiedenen Paaren abspielen. *gedr. Bd. XIII, Bl. 25 (177). Madrid 1620. H. I, 113.*

40. **El galan de La Membrilla.** — Der Liebhaber von La
Membrilla.

vgl. Grillparzer VIII, 329. Ein armer Edelmann aus La Membrilla erhält nach langen Bitten die Hand eines reichen Mädchens aus Manzanares. Durch sein verunglücktes Bittgesuch beim König ist er gezwungen, seine Geliebte zu entführen und zwar in Männerkleidern. Nachher werden sie vereint. *gedr. Bd. X, Bl. 1. Madrid 1621.*

41. **La ocasion perdida.** — Die verpasste Gelegenheit.

vgl. Schack II, 360; Grillparzer VIII, 194; Lemcke III, 189 ff. Der Gesandte des Königs von Leon wird durch die Dazwischenkunft der Herzogin von Bretagne von dem Tode errettet, begiebt sich an den Hof und verliebt sich in sie. Dort werden die schlausten Intriguen gesponnen, die mit einer grossen Zahl von Heiraten endigen. Der edle Don Juan ist der Dumme, wird aber in seiner Rolle nicht lächerlich. *gedr. Bd. II, Bl. 32. Lisboa 1612.*

42. **Querer la propria desdicha.** — Sein eigenes Unglück wollen.

vgl. Schack II, 361; Lista S. 163; Zárate II, 223; Vapereau S. 2023. Ein Geliebter stürzt sich selbst ins Unglück, als ihn seine Braut wegen seines Glückes ausschlägt. Dies wird verraten und die Geliebte, gerührt von solcher Liebe, wendet sich ihm wieder zu. *gedr. Bd. XV, Bl. 271. Madrid 1621. H. II, 269.*

43. **Si no vieren las mugeres.** — Wenn die Frauen nicht sähen.

vgl. Schack II, 380; Lafond S. 286; Lista S. 152; Vapereau S. 2023; Schaeffer I, 147 u. 149 ff. Ein Edelmann verliebt sich in die Tochter eines verbannten Herzogs. Er wird an den Hof berufen, es entstehen Eifersüchteleien mit dem Könige, der des Edelmanns Geliebte auf der Jagd hat kennen gelernt. Doch die Heirat des Paares kommt schliesslich zu stande. *gedr. H. II, 575. Sammelband No. 33.*

44. **El testigo contra sí.** — Der Zeuge gegen sich selbst.

vgl. Grillparzer VIII, 257. Ein Edelmann, seiner Geliebten untreu, verlässt Madrid und kommt nach Sevilla, wo er aber wegen Ehebruchs gefangen gesetzt wird. Wieder frei, besteht er ein Duell; man hält ihn jedoch für tot. Aus diesem Umstande entwickelt sich eine sehr gut verlaufende Handlung, die sich, zu einem vorteilhaften Ende entwickelt. *gedr. Bd. VI, Bl. 228. Madrid 1615.*

45. **Los peligros de ausencia.** — Die Gefahren der Abwesenheit.

vgl. Grillparzer VIII, 138; Schack II, 360. Behandelt auf ganz vorzügliche Weise die Gefahren der Abwesenheit eines Liebhabers für die zurückgebliebene Geliebte, die viel Versuchungen zu ertragen hat, aber nicht unterliegt. *gedr. Bd. XXIV, Bl. 192. Zaragoza 1641. H. II, 405.*

46. **El amante agradecido.** — Der dankbare Liebhaber.

vgl. Grillparzer VIII, 338. Ein Liebhaber wird von einer Dame in der Not mit Geld unterstützt. Er trifft sie später in einem zweideutigen Hause, stellt ihre Unschuld auf die Probe, bringt sie in das Haus ihrer Eltern und heiratet sie, nachdem Misverständnisse weggeräumt sind. *gedr. Bd. X, Bl. 102. Madrid 1621.*

47. **La sortija del olvido.** — Der Ring der Vergessenheit.
Durch einen Zauberring verliert ein König sein Gedächtnis, so dass er von dem, was er gethan hat, als er den Ring nicht trug, nichts mehr weiss, sobald er ihn trägt. Auf diese Eigenschaft des Ringes baut ein von ihm verfolgtes Liebespaar den Plan, ihr Glück zu gründen. *gedr. Bd. XII, Bl. 24. Madrid 1619.*

48. **El poder vencido y el amor agradecido.** — Die besiegte Macht und die dankbare Liebe.
vgl. Grillparzer VIII, 344. Ein Liebespaar wird durch einen Fürsten getrennt, der selbst die Augen auf die betreffende junge Dame geworfen hat, obwohl der Geliebte sein Bruder ist. Er verheiratet diesen nach auswärts, um in seiner Abwesenheit freies Spiel zu haben. Doch der Diener übernimmt die Rolle seines Herrn und täuscht den Fürsten. Nach vielen Intriguen und einer Reihe von Verwechselungen löst sich alles auf und das Paar wird vereinigt. *gedr. Bd. X, Bl. 273. Madrid 1621.*

49. **Amor secreto hasta zelos.** — Heimliche Liebe bis zur Eifersucht.
vgl. Schaeffer I, 163. Ein Liebespaar, durch heimliche Liebe vereinigt, bleibt sich unter den grössten Gefahren treu. Der König und ein Edelmann, die beide ihr Herz an die Heldin des Stückes verloren haben, werden getäuscht. Da wird der Liebhaber als Gesandter entfernt, aber an seiner Stelle geht der Diener, der die Rolle seines Herrn meisterhaft spielt, fort. Eine Verwechselung zweier Briefe verrät schliesslich das Geheimnis der heimlichen Liebe durch die Eifersucht. Am Ende Hochzeit. *gedr. Bd. XIX, Bl. 23. Madrid 1624.*

50. **Amar, servir y esperar.** — Lieben, dienen und hoffen.
Ein Edelmann rettet bei einem Unwetter eine Dame aus den Händen von Räubern, sie hält ihn jedoch für einen Spiessgesellen und entflieht heimlich aus einer Schenke. Der Edelmann, trostlos über ihre Flucht, da er sie liebt, folgt ihr nach Madrid, wo er sie in dem Hause seines Onkels entdeckt. Ein Indiano[1]) versucht unter falschem Namen diese junge Dame zu heiraten. Sein Betrug wird entdeckt und die

---

1) Ein Mann, der sich in Amerika Reichtümer erworben hat.

Dame heiratet ihren Retter. Am Schluss drei Hochzeiten. *gedr. Bd. XXII, Bl. 41. Madrid 1635.*

51. **La Burgalesa de Lerma.** — Die Dame aus Burgos.
Auf einem Feste in Lerma lernt ein Kavalier ein Dame aus Burgos kennen, die in Bauerntracht mit ihrer Dienerin die Festlichkeiten mitmacht. Der Edelmann lässt sich mit ihr ein, verlässt sie aber, weil die alte Liebe zu seiner ersten Geliebten wieder rege wird. Die Burgaleserin weiss sich dann später durch eine Reihe von Kniffen in den Besitz dieses Edelmannes zu setzen. Am Ende regnet es Hochzeiten. *gedr. Bd. X, Bl. 248. Madrid 1621.*

52. **El sembrar en buena tierra.** — Saat in gutem Boden.
Ein Indiano verliert den grössten Teil seines Vermögens durch die Schlechtigkeit eines habsüchtigen Weibes. Eine andere Dame opfert sich für ihn auf, indem sie ihn aus übergrosser Liebe unterstützt. Aus Dankbarkeit heiratet er sie und verachtet seine erste Geliebte. Günstige, plötzlich eintretende Vermögensverhältnisse führen alles zum guten Ende. Das Stück kennzeichnet recht den Geschmack der damaligen Zeit. Sehr geschickt hat Lope de Vega einige Romanzenstrophen an einer Stelle eingeflochten wie z. B.: „Afuera, afuera, Rodrigo": Vgl. Duran I, 503 etc. *gedr. Bd. X, Bl. 177. Madrid 1621.*

53. **El cavallero del milagro.** — Der Glücksritter.
vgl. Schaeffer I, 161 ff. Ein durchtriebener, spanischer Glücksritter weiss in Rom durch sein schlaues, freches Wesen alle Leute zu betören, so dass er zu Ansehn kommt. Schliesslich aber, durch seinen eigenen Diener verraten, wird er bestraft, indem man ihn überfällt und ihn bis aufs Hemd beraubt. Seine Bitten bei denen, die er früher betrogen hat, helfen ihm nichts und er bleibt hilflos und arm. *gedr. Bd. XV, Bl. 279. Madrid 1621.*

54. **El desposario descubierto.** — Die heimliche Ehe.
Ein Edelmann, verheiratet, liebt eine andere. Ihr Bruder, des Edelmanns Freund, weiss nichts von dieser Ehe und liebt dessen Gattin, ein Umstand, der zu Verwickelungen Anlass giebt. Eines der besten Stücke. *gedr. Bd. XIII, Bl. 140. 2. Teil. Madrid 1620.*

55. **La vengadora de las mugeres.** — Frauenrache.
vgl. Schaeffer I, 125. Eine gelehrte, philosophisch gebildete Männerfeindin wird von einem Fürsten von ihrem Männerhass geheilt, überlistet und geheiratet. *gedr. Bd. XV, Bl. 49. Madrid 1621. H. III, 507.*

56. **Obras son amores.** — Liebe sind Thaten.
Ein reizendes Lustspiel. Ein König verliebt sich in die Geliebte

eines Edelmannes, stört ihr Glück, verzichtet aber nachher in edler und grossartiger Weise auf die Geliebte und verheiratet das Liebespaar. Vgl. Lista S. 153.

Es liegt die Letrilla zu Grunde: **Obras son amores.** Vgl. R. F. Laberinto amoroso. S. 126, No. 57.

Letrilla.

„*Obras son amores,*
querida ingrata,
obras son amores,
que no palabras.
Tus palabras son,
niña, las que han dado
rienda a mi cuydado,
fuego al coraçon:
pagar no es razon
con solo razones
las obligaciones,
que tienes al alma,
querida ingrata.

Obras son amores,
que no palabras.
Buscate el desseo,
no puede hallarte:
tus lisonjas creo:
conmigo peleo,
por ver si podria
vencer mi porfia
tus promessas falsas,
querida ingrata.
Obras son amores,
que no palabras."

gedr. Bd. XI, Bl. 73. Madrid oder Barcelona 1618.

57. **Guardar y guardarse.** — Hüten und sich hüten.

vgl. Grillparzer VIII, 144. Schaeffer I, 162. Ein Edelmann verirrt sich im Gebirge, wird von einer als Bäuerin verkleideten Edeldame aufgenommen, verliebt sich in sie und heiratet sie nach vielen Hindernissen. *gedr. Bd. XXIV, Bl. 1. Zaragoza 1641. II. II, 385.*

58. **Viuda, casada y doncella.** — Witwe, Gattin und Jungfrau.

vgl. Grillparzer VIII, 277; Rapp, Anhg. S. 441; Enk S. 217. Eine Dame in Valencia ist heimlich verheiratet. Ihr Gatte tötet jemand, flieht, wird bei den Mauren gefangen genommen, giebt sich als Arzt aus, entführt eine Sklavin und kommt nach Valencia, als sich seine Gattin wieder verheiraten will. Doppelheirat. *gedr. Bd. VII, Bl. 193. Barcelona 1617.*

59. **Los hidalgos de aldea.** — Die Landjunker.

Ein Graf zieht sich vom Hofe auf das Land zurück, um in der Stille mit seiner Gemahlin dort zu leben. Dort verliebt er sich in eine wunderschöne Tochter eines Landjunkers, die, arm, aber charakterfest und keusch, seine Werbungen zurückweist. Der Graf wird nachher durch den Edelmut seiner Gemahlin beschämt, lässt von ihr ab und versöhnt sich mit seiner Gemahlin. Das schöne Mädchen wird mit ihrem Geliebten vereinigt. Am Schluss Hochzeiten. Bis auf einige Deutlichkeiten, die man bei Lope de Vega gewöhnt ist und welche durch die Verhältnisse der damaligen Zeit zu entschuldigen sind, ist das Stück vorzüglich. Der Grazioso ist wohl der köstlichste und gelungenste unter seinen Genossen in den übrigen Stücken von Lope de Vega. *gedr. Bd. XII, Bl. 118. Madrid 1619.*

60. **Lucinda perseguida.** — Die verfolgte Lucinda.
Ein heimlich verheiratetes Liebespaar wird durch die Verräterei und geheuchelte Freundschaft eines Grafen getrennt. Der Graf liebt die betreffende Dame und es gelingt ihm, einen dauernden Bruch in der Ehe der glücklich Liebenden herbeizuführen. Anderseits wird der König, der Vater des Liebhabers, von diesem zusammen mit dessen Bruder getäuscht und durch Intriguen irre geführt. Ein versöhnlicher Schluss stellt den Frieden wieder her. Am Schluss zwei Hochzeiten. Der falsche Graf wird entlarvt, aber begnadigt. *gedr. Bd. XIII, Bl. 162. Madrid 1622.*

61. **El soldado amante.** — Der Soldat als Liebhaber.
Ein König von Schottland, verliebt in eine Königin von Holland, sendet seinen Sohn mit einem Heere gegen sie, um sie für den ihm gegebenen Korb zu strafen. Der Sohn verliebt sich selbst in die schöne Feindin, als ihm ihr Bild in die Hände fällt. Verkleidet als Gärtner, weiss er sie für sich einzunehmen und spielt ihr gegenüber im geheimen die Rolle eines verliebten Soldaten, woher das Stück seinen Namen hat, indem er sich wiederum verkleidet und nachts die Königin im Garten unerkannt anredet, so dass er eine vollständige Täuschung bewirkt. Später wird er erkannt und sie heiraten sich, nachdem der Vater des ungehorsamen Sohnes seine Ansprüche aufgegeben hat. Die Rolle eines wirklichen Grazioso fehlt. *gedr. Bd. XVII, Bl. 54. Madrid 1622.*

2. **El ruyseñor de Sevilla.** — Die Nachtigall von Sevilla.
Ein reizendes Stück. Die Wortspiele mit dem Worte „ruyseñor" und die Scherze des Grazioso darüber sind von ausgezeichneter Feinheit. Eine junge Dame gebraucht die List, um Gelegenheit zu haben, ihren Geliebten zu sehen, den Vater zu bitten, ein Zimmer nach dem Garten beziehen zu dürfen, weil eine Nachtigall mit ihren Liebesklagen ihre Traurigkeit zerstreuen würde. Der Vater willigt ein und das Liebespaar wird auf diese Weise vereinigt. Daneben eine zweite Liebesangelegenheit, verknüpft mit der Haupthandlung. Derselbe Stoff ist schon behandelt in: **No son todos ruyseñores**[1]. Das Stück ist wahrscheinlich derselben italienischen Novelle ent-

---
[1] vgl. S. 46.

nommen, wie das eben erwähnte. Doch habe ich vorgezogen, es hierher unter die Lustspiele zu setzen. *gedr. Bd. XVII, Bl. 187. Madrid 1622.*

63. **Nadie se conoce.** — Niemand kennt sich einander.
vgl. Schaeffer I, 173. Der Sohn eines Königs verliebt sich in eine Hofdame. Dadurch wird der Zorn seines Vaters erweckt und eine andere Hofdame übernimmt die Rolle der Geliebten, die selbst als Landmädchen verkleidet und zum Schein mit einem Freunde des Prinzen verheiratet, auf dem Lande lebt. Der König lernt sie dort kennen, während die andere Hofdame in der Stadt die Rolle der Geliebten spielt. Hieraus entspinnt sich eine Reihe von Intriguen, durch welche das Liebespaar vereinigt wird. *gedr. Bd. XXII, Bl. 106. Madrid 1635.*

64. **Allá darás, rayo.** — Fahre dorthin, Blitz.
vgl. Schaeffer I, 112. Eine verwickelte Liebesintrigue, die mit Geschick zu einem guten Ende geführt wird.

65. **El enemigo engañado.** — Der getäuschte Feind.
vgl. Schaeffer I, 118. Ein Liebhaber überlistet den älteren Bruder seiner Geliebten und erhält die Hand derselben.

66. **Selvas y bosques de amor.** — Wälder und Büsche der Liebe.
vgl. Schaeffer I, 119. Eine tolle und lustige Komödie der Irrungen und Liebesintriguen.

67. **Amistad y obligacion.** — Freundschaft und Verpflichtungen.
Zwei treue Freunde in Navarra, von denen der eine dem anderen die Ehre dadurch wieder giebt, dass er ihn an seinem Beleidiger rächt, müssen in folge dieser Angelegenheit fliehen. Sie verlieben sich in Frankreich in dieselbe junge Dame, die aber nur den einen Freund wieder liebt. Grossmütig weiss der andere seinen Freund in den Besitz der Geliebten zu setzen, nachdem er trotz seiner berechtigten Ansprüche verzichtet hat, da er von dem Vater der jungen Dame zu ihrem Gatten ausersehen ist und eine List, in welcher sein Diener die Hauptrolle spielt, vereinigt die glücklich Liebenden.

Eine sehr einfache, klare Handlung, in schöner Weise zur Darstellung gebracht. Manche Szenen unübertrefflich in der Einfachheit der Sprache. *gedr. Bd. XXII. Bl. 67. Zaragoza 1630.*

68. **La verdad sospechosa.** — Die verdächtige Wahrheit.
Ein leichtsinniger Sohn, der die Leute durch seine Aufschneidereien hinter das Licht zu führen weiss, soll von seinem Vater verheiratet werden. Durch eine erfundene Erzählung dass er in Salamanca schon

eine Frau geheiratet habe, weiss er sich dem Befehle seines Vaters zu entziehen. Die Dame, die er liebt, verliert er dadurch, dass er sich durch sein unaufrichtiges Wesen ihre Neigung verscherzt, indem sie sich nicht zu erkennen giebt und eine Verwechselung in folge dessen mit ihrer Freundin den leichtsinnigen jungen Mann zu spät erkennen lässt, dass er sich in der Person getäuscht hat. Er heiratet aber trotzdem am Schluss des Stückes die falsche, während seine richtige Geliebte mit seinem Freunde vereint wird.

Ein sehr niedliches Stück mit einer Reihe von komischen Szenen. Es ist so recht ein Vertreter dieser Klasse. *gedr. Bd. XXII, Bl. 88. Zaragoza 1630.*

X. Gruppe.

Schäferspiele.

Diese Stücke sind Comedias, die sich der Form nach in nichts von den übrigen unterscheiden. Sie haben aber zum Inhalt nur die Ereignisse des Landlebens und der Dichter schildert uns die Natur und die Verhältnisse der Hirten und anderer Bewohner des Landes. Sie erfreuen vor allen durch die reizenden idyllischen Szenen und durch die entzückende Schilderung der Natur. vgl. hierzu Schack II, 381.

1. **El verdadero amante.** — Der wahre Liebhaber. vgl. Schack II, 155 u. 381; Grillparzer VIII, 345; Ticknor I, 570: „Enthält die Geschichte eines Schäfers, der sich weigert, eine Schäferin zu heiraten, welche ihn durch die Anklage, ihren Ehemann ermordet zu haben, der, wie sie wusste, eines natürlichen Todes gestorben war, in Lebensgefahr bringt, weil sein angeblicher Mörder blos auf ihr Verlangen von der Strafe befreit werden kann, indem sie die nächste Angehörige des angeblich gemordeten ist". *gedr. Bd. XIV, Bl. 195. Madrid 1621. H. I, 1.*

2. **La pastoral de Jacinto.** — Das Schäferspiel von Jacinto. Das Stück behandelt in idyllischer Weise das Liebesleben eines Hirtenpaars. Die Sprache ist entzückend. vgl. Schack II, 381; Ticknor I, 570. *gedr. Bd. XVIII, Bl. 78. Madrid 1628.*

3. **La Arcadia.** — Die Arkadia. vgl. Schack II, 381; Lista S. 188; Klein IX, 558 ff. vgl. Dunlop S. 19. Im 2. Akt, ziemlich am Ende, finden wir ganz genau die

Szene aus dem Hirtenroman Daphnis und Chloë von Longus, Cap. 6—Cap. 9. Es handelt sich um die Verkleidung eines Hirten, der seine Geliebte entführen will, in einen Wolf. Statt aber seine Zwecke zu erreichen, erntet er Bisse von Hunden und Prügel von den Hirten, die auf den vermeintlichen Wolf losschlagen. Bei Lope de Vega ist es Bato, der Grazioso des Stückes, dem es ähnlich ergeht.

Das Stück führt uns mitten in das Landleben und wir werden Teilnehmer an den Spielen und den Liebschaften der Hirten. *gedr. Bd. XIII, Bl. 1. Madrid 1620. H. III, 155.*

Vielleicht gehören hier noch her:
1. El pastor fido.
2. El niño pastor.
3. La pastoral de la siega.
4. La pastoral encantada.
5. La pastoral de los celos.
6. La pastoral de Albania.

XI. Gruppe.

Schicksalsdramen.

Die beiden Stücke dieser Gruppe haben in novellenartiger Bearbeitung die Idee zum Austrag gebracht, dass man gegen das Schicksal nichts vermag, was man auch immer thut.

1. **Lo que está determinado.** — **Das, was von vornherein bestimmt ist.**

vgl. Grillparzer VIII, 177. Ein Graf erhält den Befehl, den Sohn einer Königstochter wegen eines Traumes zu töten. Er thut dies aber nicht und das Kind kommt trotz aller Bemühungen seiner Feinde zu seinem Recht. Viele Szenen erinnern lebhaft an die Jugendgeschichte des Cyrus. Der Traum des Königs hat Aehnlichkeit mit dem Traum der Fürstin Isabella in Schillers Braut von Messina. *gedr. Parte tercera de comedias de los mejores ingenios de España. Madrid 1653. Bl. 181.* (Auf der Bibliothek in Göttingen.)

2. **Lo que ha de ser.** — **Das Vorherbestimmte.**

vgl. Rapp, Anhg. S. 441. Ein Vater lässt alle Löwen der Umgegend töten, weil ihm gesagt ist, dass sein Sohn durch einen solchen umkommen würde. Der Schicksalsspruch erfüllt sich aber trotzdem in wunderbarer Weise. *gedr. Bd. XXV, Bl. 333. Zaragoza 1647. Sammelband No. 18. H. II, 507.*

XII. Gruppe.

Sittengemälde oder Zeitbilder.

Die Stücke dieser Gruppe gewähren uns einen tiefen Einblick in das Leben und Treiben der spanischen Welt zur Zeit Lope de Vegas. Gewöhnlich sind sie in einer Weise geschrieben, die der Gruppe der Lustspiele nahe steht, aber man kann sie wegen der Eigenschaft, dass sie uns unter die Menschen der niedrigen Volksklassen oder in die Häuser von Buhlerinnen und Zuhältern führen, unter diesem Gesichtspunkte einreihen.

Ferner schildern uns viele das Leben der Vornehmen während der Festtage im „Soto" und „Prado" von Madrid, wo wir bis tief in die Nacht dem fröhlichen Treiben beiwohnen. Gewöhnlich sind diese Orte dazu ausersehen, Intriguen anzuzetteln und an einsamer Stelle einen Streit auszufechten; auch lauschen wir inmitten des fröhlichen Festes dem zärtlichen Geplauder eines Liebespaares, welches sich, verloren von der Menge, an einsamer Stelle am Ufer des Manzanares eingefunden hat. Alle diese Bilder sind voll von Leben und der Dichter hat es meisterhaft verstanden, uns eine treffende Schilderung seiner Zeit zu geben.

Wiederum liebt es Lope de Vega, uns das Soldatenleben in seiner ganzen damaligen Roheit, nicht allein in Spanien, sondern auch im Auslande zu schildern. Wir schauen dem verlodderten Treiben der Leute zu, die im Spiel, Tanz und Verkehr mit schlechten Weibern die Zeit hinbringen und am Abend auf diese Weise dasjenige durchbringen, was sie am Tage erworben haben.

Lope de Vega hat sich das Verdienst erworben, uns seine Zeit unvergesslich zu machen. Er ist allen gerecht geworden. Wir erfreuen uns an der Romantik der Zeit, aber wir werden auch wieder durch viele Roheit und Freiheit der Zustände zurückgestossen. Wenn man seine Komödien auf kulturhistorische Studien hin durchlesen würde, so würde eine Abhandlung darüber ein recht anschauliches Bild seiner Zeit geben.

1. **La prueba de los amigos.** — Die Freundesprobe.
Schildert das wüste Leben eines jungen Mannes, der nach dem Tode des Vaters sein ererbtes Vermögen mit Dirnen und durch liederlichen Lebenswandel durchbringt, mit vollen Händen sein Geld ausstreut, nachher in den Schuldturm kommt, alle Freunde verliert und

durch die hochherzige, selbstlose Liebe eines Weibes befreit wird. *gedr. Libros raros. T. 6. T. 1, 237.*

2. **Santiago el Verde.** — Der Sankt Jakobstag.
Führt uns in das Leben und Treiben der Festlichkeiten am Sankt Jakobstag im „Soto" von Madrid, wo sich unter vielen Intriguen und Liebesaffairen viele heitere Verwickelungen entspinnen, die mit einer Reihe lustiger Hochzeiten schliessen. *gedr. Bd. XIII, Bl. 52. Madrid 1620. H. II, 191.*

3. **Don Gonzalo de Córdova.** — Don Gonzalo von Cordova. vgl. Grillparzer VIII, 151; Rapp, Anhg. S. 440. Führt uns die Ereignisse in Flandern vor, die sich zwischen Lutheranern und Katholiken abspielen. Tilly, Mansfeld kommen darin vor. Gewährt uns einen Einblick in die damaligen Zeitverhältnisse. Das Lagerleben zeigt sich uns in seiner ganzen Sittenlosigkeit und Buntheit. *gedr. Bd. XXIV, Bl. 1. Zaragoza 1641.*

4. **La escolastica zelosa.** — Die eifersüchtige Studentin. vgl. Grillparzer VIII, 187; Rapp, Anhg. S. 438; Enk S. 44 ff. Führt uns in das Gelehrtenleben ein und macht uns mit dem Treiben auf der Universität bekannt. Es wird darin die übertriebene Liebe eines Studenten zu zwei gemeinen Weibern lächerlich gemacht. *gedr. Bd. I, Bl. 225. Valladolid 1604.*

5. **Las ferias de Madrid.** — Der Jahrmarkt von Madrid. vgl. Grillparzer VIII, 204; Schaeffer I, 170. Führt uns das Leben und Treiben der Jahrmärkte vor und liefert uns ein stimmungsvolles, charakterwahres Bild des Volkslebens. Hineingeflochten eine Liebesintrigue; doch wenig Handlung, vielmehr sind es einzelne Szenen, die am Auge vorübergleiten. *gedr. Bd. II, Bl. 314. Lisboa 1612.*

6. **El rufian Castrucho.** — Der Rufian Castrucho. = El galante Castrucho. vgl. Schack II, 369; Grillparzer VIII, 224; Lista S. 153 u. S. 158; Rapp, Anhg. S. 439; Rosenkranz S. 604; Schaeffer, I, 110. Das Leben eines Wüstlings, Raufboldes, Rodamontadenheldes, Lügners; Schilderung des Lager- und Prostitutionslebens. *gedr. Bd. IV, Bl. 189. Madrid 1614.*

7. **Los cautivos de Argel.** — Die Gefangenen von Algier. vgl. Ticknor I. 603; Schaeffer I, 110. Führt uns unter die Mauren, wo wir die Christen auf den Sklavenmärkten und in den Gefängnissen schmachten sehen. Ein lebenswahres Zeitbild. *gedr. Bd. XXV, Bl. 231. Zaragoza 1647.*

8. **La noche de San Juan.** — Die Sankt Johannisnacht. vgl. Schack II, 374; Ticknor I, 581; Rosenkranz S. 604; Kressner:

Einleit.; Schaeffer I, 172. Schildert in vollendeter Weise das Treiben der Johannisnacht. *gedr. Bd. XXI, Bl. 67. Madrid 1635.*

XIII. Gruppe.

Romantische Schauspiele.

Die Stücke, die ich hierher setze, zeichnen sich alle durch eine poetische Stimmung aus. Sie sind weder in novellenartiger Weise nachlässig verfasst, noch tragen sie den eigentlichen Lustspielcharakter. Die Liebe spielt allerdings eine Rolle, doch ist nicht ein zu grosses Uebergewicht der Intrigue vorhanden, sondern diese Stücke zahlen auch dem Ernst ihren Tribut. Sie gehören alle zu den besten Stücken Lope de Vegas und könnten in der richtigen Bearbeitung noch eine Zierde der modernen Bühne bilden. Die Tragik der Handlung ist nicht zu sehr in den Vordergrund gedrängt und sie schliessen alle in einer Weise, die weder an das Lustspiel noch an das Trauerspiel erinnert. In vielen Stücken haben wir Geistererscheinungen und Scenerien, die uns durch den ganzen Zauber der Romantik fesseln.

1. **Dineros son calidad.** — Geld ist die Hauptsache.
Vgl. Lafond S. 159; Ticknor I, 578; Schaeffer I, 143 ff. Ein ins Unglück gekommener Graf wird durch die Hilfe seiner drei Söhne wieder zu Ehren und Ansehen gebracht.

Von erhabener Schönheit ist die Szene, in welcher der Geist des verstorbenen Königs Heinrich dem Sohn des Grafen den Platz zeigt, wo ein grosser Schatz verborgen ist. Die Szene spielt nachts in einem verfallenen Schlossgarten. Die Umgebung und die ganze Handlung selbst sind so dargestellt, dass wir sie mit zu erleben glauben. *gedr. Bd. XXIV. Zaragoza 1633. Sammelband No. 11. H. III, 59.*

2. **La porfía hasta el temor.** — Die Gewaltthätigkeit bis zur Furcht.

vgl. Schaeffer I, 145. Behandelt die Grausamkeiten eines Prinzen, der einen Unterthan die Galerie des Schlosses herabstürzt und die Geliebte eines andern verfolgt. Er beabsichtigt, ihn zu töten, wird aber durch das Gespenst des Herabgestürzten von dem Morde abgehalten. *gedr. Bd. XXIV. Madrid 1640. H. II, 311.*

3. **La pobreza estimada.** — Die geachtete Armut.
vgl. Schaeffer I, 176. Ein ehrenhaftes Weib widersteht den lüsternen Angriffen eines Wüstlings während der Abwesenheit ihres Mannes in grösster Armut. Der Versucher wird dadurch beschämt und geht

ins Kloster, um seine Thaten zu bereuen. Ein glücklicher Schluss vereinigt das Ehepaar. Edel ist die Figur des Maurenfürsten Abdallah. Voll von Romantik. *gedr. Bd. XVIII, Bl. 24. Madrid 1623. H. IV, 137.*

4. **El piadoso Veneciano.** — Der mitleidige Venetianer. vgl. Schaeffer I, 176. Aehnlich dem vorigen. Wiederum ein treues Weib verherrlicht. Solche Stoffe mussten in der damaligen Zeit eine läuternde Wirkung auf das Leben und Treiben der in Liebessachen leicht erregbaren Spanier ausgeübt haben. Ein Venetianer wird wegen eines im Duell getöteten Mannes, des Bedrängers seiner Frau, verbannt, kehrt zurück und stellt sich selbst dem Gericht, um seine Familie vor dem Hungertode zu bewahren. Der Doge von Venedig verzeiht ihm. *gedr. Bd. XXIII, Bl. 73. Madrid 1638. H. III, 547.*

5. **Virtud, pobreza y mujer.** — Tugend, Armut und Weib. vgl. Schaeffer I, 172. Die romantische Geschichte einer Gattin, die ihren flüchtigen und treulos gewordenen Gatten, der in die Hände der Mauren gefallen ist, dadurch auslöst, dass sie sich als Sklavin verkauft und den stürmischen Anträgen eines Liebhabers trotz ihrer Armut als edles Weib die Stirn weist. Lope stellt überhaupt gern in den Mittelpunkt der Handlung einen reinen Frauencharakter. *gedr. Bd. XX, Bl. 202. Madrid 1625. H. IV, 211.*

6. **Cárlos el perseguido.** — Der verfolgte Karl. vgl. Schack II, 360; Grillparzer VIII, 178; Rapp, Anhg. S. 437; Lemcke III, 189; Enk S. 12; Schaeffer I, 82 ff.; Klein X, 136 ff. Der Held des Stückes hat viel zu leiden von der sündhaften Neigung einer Herzogin, die ihrem Gatten die Treue brechen will. Dabei ist Cárlos schon seit Jahren heimlich mit der Schwester des Herzogs verheiratet, aus welcher Ehe ein Knabe hervorgegangen ist. Das alles kommt nach vielen Leiden zu gutem Ende. *gedr. Bd. I, Bl. 32. Valladolid 1604.*

7. **Del mal lo ménos.** — Von zwei Uebeln das Geringste. vgl. Grillparzer VIII, 319; Schaeffer I, 115 ff. Ein flüchtiger, spanischer Ritter verliebt sich in Neapel in die Kousine eines Königs, die seine Neigung erwiedert und bei der Königin für den Geliebten bittet. Die Eifersucht des Königs wird rege und dieser beschliesst des Spaniers Tod. Die Unschuld der Königin kommt an den Tag und der König giebt seine Kousine dem Ritter. *gedr. Bd. IX, Bl. 157. Barcelona 1618.*

8. **La fé rompida.** — Die gebrochene Treue. vgl. Grillparzer VIII, 227; Rapp, Anhg. S. 439. Ein König in Ar-

kadien, von Meuchelmördern überfallen, wird von einem Weib gerettet, der er die Treue bricht. Nachher zwingt sie ihn in höchst romantischer Weise, sie zur Gattin zu nehmen. *gedr. Bd. IV, Bl. 243. Madrid 1614.*

9. **El Genoves liberal.** — Der grossmütige Genueser.
vgl. Grillparzer VIII, 217; Rapp S. 439. „Revolution in Genua ist die Grundlage. Die Plebejer verjagen die Patrizier, welche die Stadt an den König von Frankreich verraten. Dieser politische Teil des Gedichtes hat grosses Verdienst im historischen Schauspiel. Dazu kommt aber die wahnsinnige Liebe eines Nobile zu der Frau eines anderen, die er in der Hungersnot der Belagerung grossmütig unterstützt. Klingt ganz wie eine Novelle des Boccaccio".

10. **La obedencia laureada y primer Cárlos de Ungría.** — Der belohnte Gehorsam und Karl I. von Ungarn.
vgl. Grillparzer VIII, 235; Enk S. 100; Schaeffer I, 170. Ein gehorsamer, vertriebener Sohn wird wegen seiner Elternliebe und seines Gehorsams in romanhafter Weise König von Ungarn. Später hilft er seiner Familie, die ihn aufsucht. *gedr. Bd. VI, Bl. 26. Madrid 1615.*

11. **La resistencia honrada.** — Der ehrenhafte Widerstand.
vgl. Grillparzer VIII, 197; Enk S. 70. Führt auch den Titel: **La resistencia honrada y Condesa Matilde.** Das Bild einer ehrenhaften Gräfin steht in der Mitte. Sie macht alle Bemühungen eines Königs, sie zu einem Treubruch zu verleiten, zu nichte. *gedr. Bd. II, Bl. 213. Lisboa 1612.*

12. **El tirano castigado.** — Der gezüchtigte Tyrann.
vgl. Grillparzer VIII, 229; Rapp, Anhg. S. 439: „Ein älterer Sohn wird vertrieben und der jüngere sperrt den Vater ins Gefängnis, woraus ihn der ältere befreit. Sie versöhnen sich. An Schillers Räuber erinnernd". *gedr. Bd. IV, Bl. 272. Madrid 1614.*

13. **El villano en su rincon.** — Der Bauer in seinem Winkel.
vgl. Grillparzer VIII, 262; Lafond S. 232; Rapp, Anhg. S. 440; Enk S. 141; Vapereau S. 2023; Klein X, 122 ff.; Halms Werke III: „König und Bauer" ist eine Bearbeitung. Der Inhalt ist durch das obige Schauspiel bekannt. vgl. Schaeffer I, 157. Der König und der Bauer werden verglichen und der erstere isst bei dem letzteren, wofür der Bauer belohnt wird, nachdem er seine Treue gezeigt hat. Ein schönes Stück. Aehnliches in **„Los Tellos de Meneses I"** zu Anfang. *gedr. Bd. VII, Bl. 1. Barcelona 1617. H. II, 135.*

14. **La venganza venturosa.** — Die gelungene Rache.
vgl. Grillparzer VIII, 330. Statt die Beleidigung eines alten Vaters

durch den Tod des Beleidigers zu rächen, rächt der Sohn den Vater durch die Heirat mit der Tochter des Beleidigers. Eine sonderbare Idee. *grdr. Bd. X, Bl. 28. Madrid 1621.*

15. **Los cautivos libres.** — Die freien Gefangenen.
Behandelt die Gefangennahme einer jungen Dame durch die Mauren. Ihr Geliebter befreit sie, indem er sich als Maure verkleidet und den Ort ihrer Gefangenschaft aufsucht. Später fallen sie in die Hände von Christen, und aus Furcht, für Renegaten gehalten zu werden, geben sie sich nicht zu erkennen, während die Heldin des Stückes, ohne dass sie es weiss, in der Macht ihres Vaters ist, wodurch ein gutes Ende herbeigeführt wird. *gedr. Bd. XIII, Bl. 78. Madrid 1620.*

16. **El favor agradecido.** — Die dankbar empfangene Gunst.
vgl. Grillparzer VIII, 160. Behandelt die Geschichte einer Königin, deren Geliebter von einem Nebenbuhler getötet wird. Sie verspricht demjenigen, der ihr den Kopf desselben bringt, die Hand und das Königreich. Da kommt dieser selbst, giebt sich zu erkennen und erhält die Hand der Königin. Dies alles ist in romantischer, schöner Weise zur Geltung gebracht. *gedr. Bd. XV, Bl. 122. Madrid 1621.*

17. **La piedad ejecutada.** — Das ausgeübte Mitleid.
Zwei Schwäger geraten nach treuer Freundschaft über eine Geliebte in Streit, wobei der eine von dem andern erstochen wird. Der letztere bereut, wird aber von seinem andern Schwager, dem Gatten seiner Schwester, verfolgt, flieht und findet nach sechsjähriger Pilgerfahrt seine Geliebte in Spanien wieder. Er heiratet sie, nachdem ihm der Graf von Benevent, sein Schwager, verziehen hat. *gedr. Bd. XVIII, Bl. 158. Madrid 1623.*

18. **Los bandos de Sena.** — Die Streitigkeiten von Sena.
Ein langjähriger Streit zweier Familien in Sena, einer Stadt Italiens, wird durch die List und Tüchtigkeit eines in einen Edelmann verkleideten jungen Mädchens beigelegt. Diese, die Tochter der einen Familie, verliebt sich in den Sohn der anderen und giebt sich für ein Mitglied dieser Familie aus, nachdem sie nach einem Zeitraume von vielen Jahren wieder zurückgekehrt ist. Plötzlich giebt sie sich zu erkennen und sie heiraten sich. Die Schwester ihres Geliebten heiratet andererseits ihren Bruder und der Familienstreit wird durch diese Doppelheirat in Frieden beendigt. Ein vollständiges Gegenstück zu „Romeo und Julia" von Shakespeare. *gedr. Bd. XXI, Bl. 114. Madrid 1635.*

19. **La firmeza en la desdicha.** — Die Festigkeit im Unglück.

Durch die Liebe eines Königs von Sizilien und die Schlechtigkeiten eines Edelmanns wird das Eheglück eines heimlich verheirateten Paares gestört. Hierdurch entsteht ein Aufstand, da der Verwandte der Liebenden ein mächtiger General und Befehlshaber der Truppen ist. Er zieht die Hilfe der Prinzessin von Calabrien herbei, mit der er sich verheiratet. Schliesslich sieht der König sein Unrecht ein und verzeiht allen. Eine Reihe wirklich schöner, dramatischer Szenen enthält das Stück, wenngleich die Handlung etwas kürzer hätte gefasst werden können. Es gehört immerhin wegen einiger besonderen Vorzüge zu den besten Stücken. *gedr. Bd. XII, Bl. 213. Madrid 1619.*

20. **Jorge Toledano.** — Georg, der Toledaner.

Ein Toledaner mit Namen Georg begiebt sich in Gefangenschaft, um den Vater seiner Geliebten aus den Händen der Mauren zu befreien. In Algier gewinnt er die Liebe des Königs durch sein ritterliches, edles Wesen und es gelingt ihm auch, seinen Zweck zu erreichen. Doch findet er seine Geliebte verheiratet. Da stellt sich heraus, dass sie seine Schwester ist und so hat er auf diese Weise, ohne es vorher zu ahnen, seinen eigenen Vater aus der Gefangenschaft befreit. *gedr. Bd. XVII, Bl. 260. Madrid 1622.*

21. **Dí mentira, sacarás verdad.** — In der Not hilft oft eine Lüge besser als Wahrheit.

Ein tyrannischer König liebt die Braut eines seiner Unterthanen. Im günstigen Augenblick ersticht er diesen. Dieser, für tot liegen gelassen, wird von mitleidigen Landleuten aufgefunden und in einem Dorfe am Leben erhalten. Die eifersüchtige Königin lässt die betreffende Dame, der der König den Hof macht, obwohl sie selber unschuldig ist, hinrichten und zwar durch ihren Geliebten, der, tot geglaubt, in Verkleidung zufällig zugegen ist, als das Urteil vollzogen werden soll und auf das Geheiss der Königin dieses traurige Amt übernimmt. Im unbewachten Augenblick erkennen sich beide und es gelingt ihm, die Hinrichtung nur zum Schein auszuführen und die Königin zu täuschen. Beide leben nun glücklich in der Einsamkeit eines Dorfes unter fremden Namen, bis zufällig den König und die Königin die Jagd hinführt. Eine Erkennungsszene folgt, aber der König wird durch die grosse Liebe der Beiden besiegt und vereint das Liebespaar. *gedr. Bd. XXII, Bl. 22. Zaragoza 1630.*

22. **Quien bien ama, tarde olvida.** — Wer treu liebt, vergisst spät.

Ein König liebt seine Verwandte Aurora, die von dem Prinzen Alberto ebenfalls geliebt wird. Der König zwingt ihn, ihrer zu entsagen und heiratet sie. Der Prinz verpflichtet sich, über seine Liebe zu schweigen, bleibt ihr aber im Herzen treu. Um ihn zu entfernen, schickt ihn der König in den Krieg. Als Sieger zurückgekehrt, wird Alberto vom Könige mit Ehren überhäuft und gezwungen, Elvira, die Verlobte seines Freundes zu heiraten. Er gehorcht dem Könige. Aber in Wahrheit überlässt er seinem Freunde Elvira als Gattin, während er selber nur eine Scheinehe führt. Bald darauf fällt er beim Könige in Ungnade und wird verbannt. In einem gleich darauf stattfindenden Kriegszuge wird der König getötet. Der Prinz Alberto kehrt heim, treibt die Feinde in die Flucht, heiratet seine jetzt durch den Tod des Königs frei gewordene Aurora und wird zum König ausgerufen. Ein sehr gutes Stück. Die Charaktere sind sehr scharf gezeichnet. Die edle Gestalt des Prinzen und Aurora vereinigen sich prächtig mit dem Freunde Ludovico und dessen Geliebte Elvira. Auch die Figur des Gracioso ist voller Humor. *gedr. Bd. XXII, Bl. 110. Zaragoza 1630.*

XIV. Gruppe.

Charakterdramen.

Wir finden bei Schack II, 366, wo er über die Lustspiele spricht, dass es nicht angebracht wäre, einen strengen Unterschied zwischen Intriguen- und Charakterstücken zu machen. Was das Intriguenspiel anbetrifft, so muss man ihm beistimmen, da nicht ein einziges Lustspiel vorhanden ist, in dem sich nicht die eine oder die andere Intrigue vorfände, in dem einen Falle weniger eingreifend als in dem andern. Doch kann ich mich nicht seiner Ansicht anschliessen, dass Lope de Vega keine Charakterstücke geschrieben habe. Ich habe nach langem Bedenken diese Gruppe aufgestellt, hauptsächlich aber deshalb, weil ich mich nicht so leicht entschliessen konnte, der Ansicht Graf Schacks zu widersprechen. Er giebt jedoch selbst zu, dass man zu dieser Gruppe folgende beide Stücke rechnen kann.

1. **El desconfiado.** — Der Mistrauische.

vgl. Schack II, 366. Ein junger Edelmann, der seinem Werte mistraut, übernimmt die Rolle seines Dieners bei seiner Kousine in Madrid, während der Diener den Herrn spielt, um seinen Wert kennen zu lernen. Trotz der Verkleidung widerfährt seinem Werte Gerechtigkeit. *gedr. Bd. XIII, Bl. 105. Madrid 1620.*

2. **La dama melindrosa.** — Die zimperliche Dame.
= **Los melindros de Belisa.** vgl. Schack II, 366; Grillparzer VIII, 328; Holland I, 209; Rapp, Anhg. S. 441; Ticknor I, 579; Signorelli IV, 72; Rosa S. 182; Klein X, 258 ff. Es schildert die Zimperlichkeiten einer jungen Dame, die sich schliesslich in einen vermeintlichen Sklaven verliebt, der durch eigentümliche Verhältnisse in ihr Haus gekommen ist. *gedr. Sammelband No. 8.*

Diese Stücke zeichnen sich alle dadurch aus, dass eine Hauptperson von dem Dichter mit der Zeichnung ihres Charakters eingehend bedacht ist. Doch sind diese Figuren nicht stehend in der Komödie, sondern sie erhalten inmitten der verschiedenen Verhältnisse immer die Färbung des Charakters, der ihnen zukommt. Sie sind so auch vom Dichter bedacht, dass sie sich vorteilhaft aus der Reihe der übrigen Personen herausheben und glänzen durch ungewöhnliche Tugenden und Eigenschaften. Auch wird hie und da vom Dichter die betreffende Person dazu benutzt, einen eigentümlichen Charakterzug überhaupt darzustellen.

3. **El amigo hasta la muerte.** — Freundschaft bis zum Tode.
Der Ernst der Handlung ist so überwiegend am Ende, dass man es beinahe ein Trauerspiel nennen könnte. Die letzten Szenen im Kerker sind von dramatischer Wirkung und der Schluss wirkt tragisch durch den Tod Federicos. Der Hauptcharakter heisst Don Sancho. Er ist ein edler Freund, der sich in hoher, begeisterter Freundschaft für seinen Freund aufopfert, aber auch dieser lässt in seiner Liebe zu Don Sancho nichts zu wünschen übrig und so schmelzen beide Figuren in eine zusammen. *gedr. Bd. XI, Bl. 147. Madrid oder Barcelona 1618. H. IV, 323.*

4. **La esclava de su galan.** — Die Sklavin ihres Geliebten.
vgl. Schack II, 361; Holland I, 209; Ticknor I, 579; Lemcke III, 139 ff.; Vapereau S. 2023; Kressner: Einleitung; Rosa S. 182; Schaeffer I, 164. Uebers.: Reclam, Universalbibliothek. Ein edles Weib verkauft sich für den Geliebten als Sklavin an dessen Vater, der, besiegt von so grosser Liebe, seinem Sohne dieselbe zur Gattin giebt. *gedr. Bd. XXV, Bl. 1. Zaragoza 1647. Sammelband No. 12. H. II, 487.*

5. **La llave de la honra.** — Der Schlüssel der Ehre.
vgl. Grillparzer VIII, 153; Schaeffer I, 145. Eine von dem Gatten während seiner Reise zurückgelassene Frau widersteht den lüsternen Angriffen eines Wüstlings und bewahrt ihre Tugend in Treuen für den zurückkehrenden Gemahl. *gedr. II. II, 117.*

6. **La moza de cántaro.** — Die Wasserträgerin.
vgl. Schack II, 361; Ticknor I, 600; Rosa S. 182 u. 183; Klein X, 289 ff. Eine Dame aus den höheren Ständen rächt die schimpfliche Behandlung ihres greisen Vaters, der von einem Flegel geohrfeigt ist, dadurch, dass sie den Beleidiger im Gefängnis aufsucht und erdolcht. Um den Verfolgungen wegen dieses Verbrechens zu entgehen, ist sie Jahre lang Wasserträgerin und Dienerin. Der König, gerührt von der kindlichen Liebe, begnadigt sie und verheiratet sie zum Lohn an einen reichen Edelmann. *gedr. II. I, 549.*

7. **La cortesía de España.** — Die Höflichkeit Spaniens.
Eine Verherrlichung der spanischen Höflichkeit. Der Held ist ein Ausbund von Tugend, Männlichkeit und Höflichkeit. Er rettet eine Frau, die durch Intriguen eines boshaften und schändlichen Dieners um ihren Gatten und beinahe um ihr Leben gebracht wird und nimmt sie zu sich. Gegen seine Liebe ankämpfend, vermag er es über sich zu gewinnen, die unter seinem Schutze stehende Dame nicht zu belästigen. Es begegnet uns ein solcher reiner Charakter selten in den Komödien Lope de Vegas, denn mehr oder weniger dachte man zur Zeit des Dichters über Liebe und Ehe leichter als heute. *gedr. Bd. XII, Bl. 70. Madrid 1619.*

Vielleicht gehören hierher:
1. El desdichado.
2. La mudable.

XV. Gruppe.

Haus- und Familienstücke.

Wir haben es hier mit Stücken zu thun, die sich in der Häuslichkeit im erweiterten Sinne bewegen, d. h. über die Personen einer bestimmten Familie hinausgehen und entferntere Verwandte mit in die Handlung ziehen. Der Dichter schildert uns vor allem das Familienleben, das Verhältnis der Kinder zu den Eltern und macht uns mit manchen Einzelheiten der häuslichen Verhältnisse vertraut. Die Handlung gründet sich gewöhnlich auf eine Intrigue, die von einem verkleideten Liebhaber angestiftet wird, der unter einem andern Namen in die Familie eindringt. Lope hat eine ganze Reihe solcher Stücke geschrieben, und man muss die Vielseitigkeit bewundern, mit der er seine Helden sich verkleiden lässt. Es ist immer eine andere Figur und man kann eine Reihe dieser Komödien lesen, ohne sie einseitig oder langweilig zu finden, denn der Ueberraschungen sind so viele, dass das Interesse vollständig in Anspruch genommen wird. vgl. Schack II, 361.

1. **La dama boba.** — Die närrische Dame.

Eine Liebesgeschichte zweier Schwestern, von denen die eine närrisch und reich, die andere aber arm und klug ist. Durch die Liebe wird die erste geheilt. Indem sie ihre Rolle als Thörin weiter spielt, gelingt es ihr, alle zu überlisten. Am Schlusse des Stückes ein Familienskandal, wie er ärger nicht gedacht werden kann. Schliesslich 4 Hochzeitspaare.

Die heilsame Macht der Liebe in diesem Stücke erinnert an die Geschichte No. I des 5ten Tages des Decamerone, wo ein Mann durch die Liebe vom Wahnsinn geheilt wird: Vgl. Dunlop S. 233 b; Schaeffer I, 163. *gedr. Bd. IX, Bl. 57. Barcelona 1618. H. I, 297.*

2. **De cuando acá nos vino.** — Von wannen kam er zu uns?

vgl. Schaeffer I, 169 ff. Ein Fähnrich giebt sich für einen Verwandten in einer Madrider Familie aus, weiss sich durch List einzulogieren, spinnt ein Liebesverhältnis mit der Tochter des Hauses an; die Mutter, in den jungen Soldaten auch verliebt, wird überlistet. Nach einer Reihe von Verwickelungen heiraten sich die Liebenden. Ein ganz vorzügliches Stück. *gedr. H. III, 199. Bd. XXIV. Zaragoza 1633.*

3. **Los embustes de Celauro.** — Die Lügereien des Celauro.

= **Los enredos de Celauro.** vgl. Schack II, 360; Grillparzer VIII, 226. Durch die Schlechtigkeit eines Celauro gerät die Frau eines Ehemannes in den Verdacht, ihrem Manne die Treue gebrochen zu haben. Ihre Unschuld kommt an den Tag, nachdem sie lange als Magd auf dem Gute ihres Schwiegervaters unerkannt gedient hat, und ihr Gatte versöhnt sich mit ihr. *gedr. Bd. IV, Bl. 216. Madrid 1614.*

4. **Quien ama, no haga fieros.** — Wer liebt, mache keine Vorwürfe.

Ein Edelmann weiss sich durch eine List, indem er sich als Neffen der Mutter seiner Geliebten vorstellt, in eine Familie einzuschleichen und nach einer Reihe guter Verwickelungen die Hand der jungen

Dame zu erhalten. *gedr. Bd. XVIII, Bl. 236. Madrid 1623. H. I, 433.*

5. **El cavallero de Olmedo.** — Der Ritter aus Olmedo.
vgl. Schack II, 362; Grillparzer VIII, 148; Klein X, 429 ff. Die Tochter eines Edelmannes erwirbt sich die Liebe eines junges Mannes durch eine verschmitzte Alte, die in Verkleidung die Zusammenkünfte des Paares zu stande bringt. Der Geliebte wird aber von dem Nebenbuhler erschossen; von der Geliebten verklagt, erhält der Letztere die Strafe vom Könige. Die trauernde Geliebte geht ins Kloster. Tragisch. *gedr. Bd. XXIV, Bl. 43. Zaragoza 1641. H. II, 367.*

6. **El cuerdo en su casa.** — Der Schlaue in seinem Hause.
vgl. Grillparzer VIII, 241; Ticknor I, 600; Lemcke III, 189 ff.; Enk S. 108. **El cuerdo en su rincon**[1]) ist vielleicht dasselbe! Ein schlichter Landmann lebt friedlich in seinem Hause. Der benachbarte Edelmann bemüht sich, das Haus des Bauern auf einen bessern Stand zu bringen und will klüger sein als er. Im Verlauf der Handlung stellt sich aber heraus, dass der Bauer der Klügste von allen ist und seinem Nachbaren sogar noch in dessen Hause hilft. *gedr. Bd. VI, Bl. 101. Madrid 1615. H. III, 443.*

7. **El castigo del discreto.** — Die Strafe des Besonnenen.
vgl. Grillparzer VIII, 265. Ein Edelmann, nachts überfallen, bringt seinen Retter in sein Haus, prüft ihn seiner Frau gegenüber, so dass sie sich in ihn verliebt. Der Gatte kommt durch den Vertausch zweier Briefe der Sache auf die Spur und der Unfrieden ist da. Schliesslich wird jedoch die Ruhe dadurch wieder hergestellt, dass der Friedensstörer die Schwester eines Edelmannes heiratet, welcher der verratene Gatte vorher den Hof gemacht hatte. *gedr. Bd. VII, Bl. 25. Barcelona 1617.*

8. **El dómine Lucas.** — Der Herr Lukas.
Ein Edelmann dringt in der Verkleidung eines armen Klosterbruders in die Familie seiner Geliebten, täuscht alle, unterrichtet sein Mädchen im Schreiben und heiratet sie nach endlosen Intriguen. *gedr. Bd. XVII, Bl. 137. Madrid 1622. H. I, 43.*

9. **El maestro de danzar.** — Der Tanzlehrer.
vgl. Schack II, 380; Grillparzer VIII, 176. Ein Liebhaber verkleidet sich als Tanzmeister und dringt in eine Familie ein, wo er mit List sich mit seiner Geliebten verheiratet, die er vorher im Tanzen unterrichtet. *gedr. H. II, 71.*

---

1) Weder Barrera noch Hartzenbuch kennen das Stück unter dem zweiten Titel.

10. **La vitoria de la honra.** — Der Sieg der Ehre.
Behandelt einen tragisch endenden Familienskandal. Ein Edelmann huldigt der Gattin eines Kapitäns, die sich lange gegen ihre Neigung sträubt, schliesslich aber unterliegt, von ihrem Gatten überrascht und mit ihrem Geliebten getötet wird. Der Schluss ist unberechenbar und der Entwickelung der ganzen Handlung nach nicht zu billigen. *gedr. Bd. XXI, Bl. 178. Madrid 1635.*

11. **La Francesilla.** — Die niedliche Französin.
Ein Vater verjagt seinen leichtsinnigen Sohn, der in Lyon den Familienfrieden dadurch stört, dass er die Gattin seines Wirtes entführt. In dem Hause seines eigenen Vaters in Madrid laufen die Fäden der Handlung wieder zusammen und der betrogene Gatte wird durch die Schwester des Entführers entschädigt. Dieser selbst heiratet die Entführte. Am Schluss vier Hochzeiten. *gedr. Bd. XIII, Bl. 118. Madrid 1620.*

12. **El ingrato arrepentido.** — Der reuige Undankbare.
Ein Liebhaber findet in der Gattin seines Freundes unvermutet seine frühere Geliebten wieder. Er findet dort im Hause, verkleidet als Pilger, Aufnahme. Ihn selbst sucht eine frühere Geliebte mit ihrem Bruder, ebenfalls als Pilger verkleidet, auf, die dort im Hause von dem aufgesuchten Liebhaber verführt wird. Hieraus entsteht ein tragischer Konflikt, der aber friedlich endet, weil der Störenfried der Familie bereut und so mit knapper Not dem Tode entgeht. Ein schwaches Machwerk. *gedr. Bd. XV, Bl. 254. Madrid 1621.*

13. **El sufrimiento de honor.** — Die Geduld aus Ehre.
vgl. Schaeffer I, 99. Ein Familiendrama. Es behandelt die grausame Rache eines in seiner Ehre gekränkten Gatten.

XVI. Gruppe.

Biographische Schauspiele.

In diese letzte Klasse gehören diejenigen Stücke, die den Lebenslauf oder die einzelnen Heldenthaten eines Ritters oder einer Frau behandeln. Sie ähneln den „Dramatisierten Novellen" sehr, beanspruchen aber einen gesonderten Platz, weil sie noch in betreff der Entwickelung der Handlung zusammenhangsloser sind. Manche sind teilweise aus einzelnen Bildern zusammengesetzt und nur durch die Person des Helden lose verbunden. Vgl. Schack II, 305.

Es gehören hierher:

1. **El Marques de las Navas.** — Der Marquis de las Navas. vgl. Schack II, 305; Schaeffer I, 141 u. 144. Einzelne lose zusammenhängende Bilder aus dem Leben dieses Mannes. *gedr. Bd. XXII, Zaragoza 1630. H. IV, 499.*

2. **El valiente Cespédes.** — Der tapfere Cespedes. Schildert die Fahrten eines Raufboldes. vgl. Schack II, 305; Ticknor I, 598; Sismondi IV, 8; Schaeffer I, 112. *gedr. Bd. XX, Bl. 125. Madrid 1625.*

3. **Las aventuras de Don Juan de Alárcos.** — Die Abenteuer des Don Juan de Alárcos. vgl. Schack II, 335. *gedr. Bd. XXV, Bl. 89. Zaragoza 1647.*

4. u. 5. **Don Juan de Castro I u. II.** — Don Juan de Castro I u. II. vgl. Schaeffer I, 141 ff. Der zweite Teil ist gleich No. 3[1]). In dem 3. Akt dieses Teiles finden wir eine Stelle, die inhaltlich zu der Chanson de geste „Amis et Amiles" stimmt und zwar ist es die wunderbare Heilung des Aussatzes durch das unschuldige Blut zweier Kinder eines Freundes. Die Fabel tritt uns hier in ganz derselben Gestalt wieder entgegen, nur dass es hier die Kinder eines Bruders sind. *gedr. II: Bd. XIX, Bl. 173. Madrid 1624. H. IV, 395. I: Bd. XIX, Bl. 148. Madrid 1624. II. IV, 373.*

Das Stück hat glänzende Stellen. Romantisch ist die Rolle des toten Tibaldo, die Erscheinungen im Traum Don Juans. Die Gestalt des Rugero de Moncada ist äusserst gediegen und charakteristisch gezeichnet. Die Zeit des Rittertums ist in dem Helden verkörpert.

6. **Don Beltran de Aragon.** — Don Beltran von Aragonien. = **Las mudanzas de fortuna y sucesos de Don Beltran de Aragon.** vgl. Schack II, 315; Grillparzer VIII, 334: Inhalt. *gedr. Bd. III. Madrid 1613.*

7. **El valiente Juan de Heredia.** — Der tapfere Juan de Heredia. vgl. Schaeffer I, 112. Schildert die Thaten eines Maulhelden im Privatleben.

8. **Don Lope de Cardona.** — Don Lope von Cardona. vgl. Schack II, 355; Grillparzer VIII, 332. Geschichte eines spanischen Helden, der fliehen muss, Undank von Königen erntet, viel

---

1) Vgl. Barrera S. 330.

erduldet und nachher endlich zu Ehren und Gnaden kommt. *gedr.*
Bd. X, Bl. 53. Madrid 1621.

Hierher gehören wahrscheinlich noch:
1. Nardo Antonio Bandolero
2. Julian Romero.
3. Fernan Mendoz Pinto.
4. Don Manuel de Sousa.
5. Lazarillo de Tormes.
6. Pedro de Urdimales.
7. Antonio Roca.
8. Garcilaso de la Vega.

XVII. Gruppe.

Didaktische Stoffe.

In diese Gruppe gehören diejenigen Stücke, die irgend einen moralischen Grundsatz oder eine Lehre zum Ausdruck bringen wollen. Sie zeichnen sich schon durch die wunderbar klingenden Titel aus, die der Idee des Stückes zu Grunde liegen. Die Form ist sehr verschieden; wir haben hier novellen-, schauspiel- und lustspielartige Stoffe. Der Schwerpunkt liegt eben darin, auf den Zuschauer moralisch einzuwirken. Alberto Lista, S. 154. 11a. leccion de Lope de Vega charakterisiert sie folgendermassen:

8º. „La filosófica ó ideal, en que se conoce la intention de desenvolver alguna máxima de moral universal". „Yo he dado este nombre de filosófico á este género de comedias, por cuanto tiene por base una máxima moral".

1. **Despertar á quien duerme.** — Wecke den Schlafenden nicht auf!

vgl. Grillparzer VIII, 285. Ein Graf, dessen Vorfahren vertrieben werden, lebt ruhig auf dem Lande. Die Reden und die Spioniererei des lebenden Herrschers erwecken in dem Grafen den Gedanken, sich in den ihm zukommenden Besitz seiner vertriebenen Vorfahren zu setzen und er wird auch wirklich mit Hilfe der Tochter des Thronräubers auf den Thron seiner Väter gesetzt. Schaeffer I, 165. *gedr.*
Bd. VIII, Bl. 1. Barcelona 1617. H. III, 345.

2. **Porfiando vence amor.** — Durch Ausdauer siegt Liebe.
vgl. Rapp, Anhg. S. 439: „Ein gestürzter Höfling geht aufs Land. Verraten von seiner ersten ersten Geliebten, verliebt er sich in ein edles Weib, die ihn durch ihre Treue und Aufopferung und ihr Beharren in ihrer Neigung zum Gatten gewinnt". Rapp nennt das Stück mit Unrecht ordinär. *gedr. Vega. II. III, 237. Sammelband No. 29.*

3. **El saber puede dañar.** — Wissen kann schaden.
vgl. Grillparzer VIII, 142. Ich bin der Idee Grillparzers entgegen und halte das Stück für diese Klasse berechtigt, denn die ganze Handlung entwickelt sich aus dem obigen Satze. Im Uebrigen hat er recht. Das Stück besteht aus Liebeshändeln mit vielen schon früher bei Lope vorkommenden Lustspielmotiven. *gedr. Bd. XXIII, Bl. 156. Madrid 1638. H. III, 113.*

4. **La mayor vitoria.** — Der grösste Sieg.
vgl. Schaeffer I, 147 ff. Die Handlung drückt den Grundsatz aus, dass der grösste Sieg der über sich selbst ist und zwar in Anlehnung an Otto den Grossen, der auf seinen Römerzügen nach Italien eine geistreiche, junge Dame verführen will, alle ins Verderben stürzt, schliesslich aber durch die Macht seines Gewissens und seine Willenskraft bezwungen wird. *gedr. Bd. XXII, Bl. 130. H. III, 221. Bd. XXIV. Zaragoza 1633.*

5. **Mirad á quien alabais.** — Seid vorsichtig im Lob!
Behandelt die oft vorkommende Geschichte, dass sich ein Gesandter eines Königs in die dem Könige bestimmte Braut verliebt und sie auch heimführt. Interessant ist die Verkleidung der betreffenden in diesem Fall als Pilgerin. *gedr. Bd. XVI, Bl. 65. Madrid 1622. H. IV, 455.*

6. **Mas pueden celos que amor.** — Mehr vermag die Eifersucht als die Liebe.
vgl. Grillparzer VIII, 154. Stellt obigen Grundsatz auf als das Fundament der Handlung und beweist ihn an der Eifersucht eines Weibes, die ihrem Galan in Männerkleidern nach Paris folgt, dort dessen Geliebte in sich verliebt macht und schliesslich die Liebe ihres treulosen Geliebten durch ihre Eifersucht wieder erlangt. *gedr. H. II, 175.*

7. **El triunfo de la humilidad y soberbia abatida.** — Der Triumpf der Demut und der erniedrigte Stolz.
vgl. Grillparzer VIII, 336. In roher Form bringt das Stück die Idee zur Geltung, dass die Demut triumphirt und der Stolz zu Boden geschmettert wird. Lope zeigt dies an zwei Brüdern, von denen der eine hochmütig, der andere demütig ist. Das Stück selbst ist einer Novelle ähnlich.

8. **Las flores de Don Juan.** — Die Blumen des Don Juan, vgl. Schack II, 361; Lafond S. 347; Lista S. 153 u. 180; Vapereau S. 2023. Uebersetzt von Rapp IV, 119; Klein X, 106 ff. Auch: **Las flores de Don Juan y pobre y rico trocados.** Der Dichter versucht, an der Fabel des Stückes zu beweisen, wie unbeständig das Glück ist und zeigt es an einem Brüderpaar, von dem der eine stolz und hochmütig, reich und verschwenderisch, der andere arm, bescheiden und demütig ist. *gedr. Bd. XII, Bl. 165. Madrid 1619. H. I, 409.*

9. **Con su pan se lo coma.** — Ein jeder trägt ein Teil Schuld an seinem Schicksale.

vgl. Schaeffer I, 172. Ein Bauer, von dem Könige von Leon an den Hof gezogen, wird mit Ehren überschüttet, fühlt sich aber schliesslich unglücklich und kehrt zu seinem alten Stande zurück. Es liegt die Idee zu Grunde, dass derjenige für das verantwortlich gemacht wird, was er sich einbrockt. vgl. Bl. 27 b, wo in einer eingelegten Cancione die Idee des Stückes sehr deutlich und klar zum Ausdruck gebracht ist: El que vive libremente etc. *gedr. Bd. XVII, Bl. 1. Madrid 1622.*

10. **Quien todo lo quiere.** — Wer alles haben will, bekommt nichts.

Ein habsüchtiges Weib sucht einen reichen Liebhaber in ihre Netze zu ziehen und giebt sich nicht mit dem zufrieden, den sie hat. Dieser, reich geworden, verschmäht sie nachher und diejenige, die alles besitzen wollte, erlangt gar nichts, denn:

„Quien todo lo quiere
Todo lo pierda."

gedr. Bd. XXII, Bl. 1. Madrid 1635.

11. **El necedad del discreto.** — Die Unüberlegtheit des Weisen.

vgl. Schaeffer I, 164. An dem Stücke wird gezeigt, wie gefahrvoll es ist, eine Sache zu weit zu treiben, wenn man einen Menschen erproben will. Ein italienischer, berühmter Gelehrter wird nach Ferrara als Gouverneur berufen, vom Fürsten geehrt und von ihm verheiratet. Um die Keuschheit und Treue seiner Frau zu prüfen und dadurch zugleich ein Studium des weiblichen Wesens im allgemeinen zu betreiben, beauftragt er seinen Famulus, die Liebhaberrolle zu übernehmen. Die Folgen dieser Probe sind so schwer, dass der Gelehrte mit knapper Not dem Tode entrinnt. Sehr hübsch ist die Einschaltung einer Fabel, die an der betreffenden Stelle die ganze Handlung des Dramas in kurzen Zügen wiedergiebt. Ueberhaupt ein vorzügliches Stück. *gedr. Bd. XXV, Bl. 413. Zaragoza 1647.*

12. **Lo que hay que fiar del mundo.** — Trau, schau, wem?
Ein Genueser wird von den Türken gefangen genommen und auf sein Ehrenwort, wieder freiwillig in die Gefangenschaft zurückzukehren, freigelassen, da er sich in Genua verheiraten will. Im Vertrauen auf die Redlichkeit des Türken Selin, in dessen Macht er sich befunden hat, kehrt er mit seiner Frau, die ihn dorthin aus Liebe begleitet, zurück und wird zu den höchsten Ehren erhoben. Da verliebt sich der Türke in die Frau des Genuesen, wird aber zurück gewiesen. Trotzdem er dem Gefangenen geschworen hat, ihn nie von seiner Stellung herabzustürzen, lässt er ihn töten und begeht dadurch einen Meineid. Die Frau entkommt glücklich mit dem Diener. Der Schluss ist übereilt. *gedr. Bd. XII, Bl. 188. Madrid 1619.*

13. **En los indicios la culpa.** — Nicht in den Beweisen liegt immer die Schuld.
Obigen Satz bringt Lope de Vega in einem sehr hübschen Stück zur Geltung, indem er an der Handlung zeigt, wie gefährlich es unter Umständen ist, zu sehr auf Anzeichen der Beweise, ohne sie erst zu prüfen, jemanden zu verurteilen. Die Handlung des Stückes ist folgende. Ein Edelmann benutzt die Abwesenheit eines Freundes, um dessen Frau mit Liebesanträgen zu bestürmen. Diese, keusch und ihrem Manne in treuer Liebe zugethan, weist den falschen Freund entrüstet ab. Inzwischen kehrt ihr Gatte mit einem anderen Freunde Don Filipe von der Reise zurück, gerade als seine Frau, die zu ihrer kranken Kousine gerufen wird, wiederum von ihrem Anbeter belästigt wird. Durch das energische Eingreifen des mitgebrachten Freundes wird verhütet, dass ihr Gatte die wahre Absicht seines falschen Freundes erfährt. Bei dieser Angelegenheit benimmt sich Don Filipe sehr edel und taktvoll, so dass die bedrohte Gattin durch ihn davor bewahrt wird, ihrem Manne gegenüber in ein falsches Licht gestellt zu werden. Eine Intrigue des Abgewiesenen bringt das Leben der Gattin des zurückgekehrten Edelmannes in Gefahr. Auch Don Filipe wird von diesem zum Zweikampfe aufgefordert; aber die Intrigue mislingt und die Freunde versöhnen sich, nachdem eine Erklärung erfolgt ist. Sie kehren zurück und ertappen den falschen Freund gerade im günstigen Augenblicke, als er wiederum seine Absichten auf die Frau seines Freundes ausführen will. Ihre Unschuld kommt an den Tag, der Bösewicht muss fliehen und Don Filipe heiratet die inzwischen wieder genesene Kousine der Frau seines Freundes. *gedr. Bd. XXII, Bl. 217. Zaragoza 1630.*

XVIII. Gruppe.

Legendenstoffe.

Der Grund zur Gruppierung erklärt sich durch das Wort und ich habe zur Charakteristik nichts hinzuzufügen.

    1. **Barlaam y Josafá.** — Barlaam und Josaphat.
vgl. Dunlop S. 27; Schaeffer I, 200. Das Stück beschränkt sich im hauptsächlichsten auf die Wiedergabe des Stoffes. Im dritten Akte sind fremde Zuthaten. Geschichte Barlaams und Josaphats. *gedr. Bd. XXIV. Zaragoza 1641. Bl. 238.*

    2. **La buena guarda.** — Die gute Wache.
vgl. Schaeffer I. 171 ff.; Schack, Nachträge S. 48 u. 51. Auch: **La encomienda mal guardada.** vgl. Ticknor II, S. 796. Behandelt die Flucht einer Aebtissin, die mit einem Mönche und dem Schliesser in der Welt umherstreift, aus Reue aber über ihr gebrochenes Gelübde zurückkehrt zu dem Kloster, wo während dieser ganzen Zeit ein Engel für sie den Platz eingenommen hat. Schliesslich kommt sie hierdurch noch in den Geruch der Heiligkeit. Der bekannte altfranzösische Fablieaustoff. *gedr. Bd. XV, Bl. 203. Madrid 1621. H. III, 325.*

XIX. Gruppe.

Für sich besonders stehen unter den Komödien die sogenannten „Comedias de Santos", die gewöhnlich am Festtage der Heiligen aufgeführt wurden und Lebensläufe derselben behandeln. vgl. Schack II, 381 ff., wo die folgenden Stücke näher besprochen sind.

    1. **El Cardenal de Belen.**
vgl. Schaeffer I, 207. *gedr. Bd. XIII, Bl. 126. Madrid 1620.* H. III, 589.

    2. **El scrafin hermano.**
vgl. Schaeffer I, 207. *gedr. Bd. XIX, Bl. 70. Madrid 1624.*

    3. **San Nicolás de Tolentino.**
vgl. Schaeffer I, 207. *gedr. Bd. XXIV, Bl. 167. Zaragoza 1641.*

    4. **El animal profeta.**

5. **La limpieza no manchada.**
gedr. Bd. XIX, Bl. 196. Madrid 1624.

6. **La creacion del mundo y primera culpa del hombre.**
gedr. Bd. XXIV. Madrid 1640.

7. **La fianza satisfecha.**
vgl. Schaeffer I, 203 ff. gedr. Sammelband No. 13.

8. **El niño inocente de la guardia.**
gedr. Bd. VIII, Bl. 249. Barcelona 1617.

9. **San Isidro, labrador de Madrid.**
gedr. Bd. XVII, Bl. 265. Barcelona 1617.

10. **La madre de la mejor.**
gedr. Bd. XVII, Bl. 235. Madrid 1622.

11. **Don Juan de Dios y Martin.**
gedr. Bd. X, S. 221. Madrid 1621.

12. **El saber por no saber y vida de San Juan.**
gedr. Bd. XXIII, Bl. 281. Madrid 1638.

13. **Los locos por el cielo.**
vgl. Grillparzer VIII, 289; Schaeffer I, 197.

14. **El divino Africano = San Agustin?**
vgl. Schaeffer I, 207. gedr. Bd. XVIII, Bl. 52. Madrid 1623.

15. **El rústico del cielo.**
vgl. Schaeffer I, 205. gedr. Bd. XVIII, Bl. 257. Madrid 1623. Bd. III. Madrid 1613.

16. **San Diego de Alcalá.**
vgl. Schaeffer I, 208. gedr. H. IV, 515. Sammelband No. 31.

17. **El Capellan de la Virgen.**
gedr. Bd. XVIII, Bl. 132. Madrid 1623.

18. **Vida de San Pedro Nolasco.**
gedr. Bd. XXII, Bl. 65. Madrid 1635.

19. **El Santo Negro Rozambuco.**
vgl. Schaeffer I, 206.

20. **Vida y muerte del Santo Negro, llamado San Benedicto de Palerma.**
gedr. Bd. III. Madrid 1613.

Hierher gehören wahrscheinlich noch:
1. Fray Martin de Valencia.
2. La Bárbara del Cielo.
3. San Andrés Carmelita.

4. San Segundo de Avila.
5. San Julian de Cuenca.
6. San Tirso de España.
7. San Martin.
8. San Antonio de Padua.
9. El Martyr de Florencia.
10. San Tomás de Aquino.
11. San Angel Carmelita.
12. La madre Teresia de Jesus.
13. San Adrian y Natala.
14. El gran Cardenal de España Don Gil de Albornez.
15. Segunda parte del gran Cardenal Don Gil de Albornez.
16. La juventud de San Isidro.
17. El leon apostólico.
18. La libertad de San Isidro.
19. Los martires de Madrid.
20. San Pablo, vaso de eleccion = El vaso de eleccion?
21. Santa Brigida.
22. Santa Casilda.
23. Santa Polonia.
24. Santa Teodora.
25. Nuestra Señora de la Candelaria.
26. El mayor prodigio. vgl. Schaeffer I, 190 ff.

Alle übrigen Stücke von Lope de Vega habe ich nicht erlangen können und so schliesse ich diesen Versuch, die „Comedias de Lope de Vega" nach einem einheitlichen Gesichtspunkte zu ordnen.

Man findet Verzeichnisse der Komödien unseres Dichters im **Pelegrino de su patria de Lope de Vega, 1603**; bei **Hartzenbusch im IV. Bde der ausgewählten Komödien des Lope de Vega**; bei **Schack II, 698—705** und bei **Barrera** in seinem **Catálogo** unter **Lope de Vega Carpio**. Es ist mir leider nicht gelungen, ausser der grossen Gesammtausgabe noch mehr Stücke bis auf wenige vereinzelte Exemplare zu bekommen und ich hatte mir deshalb als Ziel gesetzt, wenigstens sämmtliche Stücke der 26 Bände der Braunfelsschen Bibliothek im Verein mit den schon behandelten Stoffen zu berücksichtigen, um der Arbeit einen abschliessenden Charakter zu verleihen.

Verzeichnis der zu dieser Arbeit gebrauchten Bücher.

1. Perron = M. du Perron de Castera, Extraits de plusieurs pièces du théâtre espagnol avec des réflexions etc. Paris 1738.
2. Velazquez = Don Luis Josef Velazquez, Origigines de la poesía castellana. Málaga 1754.
3. Bertuch = F. J. Bertuch, Magazin der spanischen und portugiesischen Literatur. III. Bd. Dessau und Leipzig 1782.
4. Bouterwek = F. Bouterwek, Geschichte der Künste und Wissenschaften. Von einer Gesellschaft gelehrter Männer ausgearbeitet. Dritte Abteilung: Geschichte der schönen Wissenschaften. III. Bd. Göttingen 1804.
5. Sismondi = J. C. L. Simonde de Sismondi, De la littérature du midi de l'Europe, Tome III. IV. Paris 1813.
6. Holland = Henry Richard Lord Holland, Some account of the lives and writings of Lope Felix de Vega Carpio and Guillen de Castro. Vol. I u. II. London 1817.
7. Schlegel = W. A. von Schlegel, Ueber dramatische Kunst und Literatur. Vorlesungen. 3 Bde. Heidelberg 1817.
8. Soden = Julius Graf von Soden, Schauspiele des Lopez de Vega. Uebersetzt. Bd. 1 (einziger). Leipzig 1821.
9. Enk = M. Enk, Studien über Lope de Vega Carpio. Wien 1839.
10. Lista = Alberto Lista, Lecciones de Literatura Española esplicadas en el Atenéo científico literario y artístico. Madrid 1836.
11. Dohrn = C. H. Dohrn, Spanische Dramen. Uebersetzt. Teil 2. Berlin 1842.
12. Zárate = Antonio Gil de Zárate, Manual de Literatura. Segunda parte. Resúmen histórico de la literatura española. Tomo II. Madrid 1844.
13. Rosa = Francisco Martinez de la Rosa, Obras Poéticas y Literarias. Poesías: Poética Española; Apéndices sobre la poesía Didáctica, la Tragedia y la comedia Española. Paris 1845.

14. **Schack** = Ad. Friedr. Graf von Schack, Spanisches Theater. Teil 2. Frankfurt a/Main 1845.
15. **Schack II** = Derselbe, Geschichte der dramatischen Literatur und Kunst in Spanien. 3 Bde. Berlin 1848.
16. **Schack, Nachträge** = Adolf Friedrich v. Schack, Nachträge zur Geschichte der dramatischen Literatur und Kunst in Spanien. Frankfurt a/Main 1854.
17. **Jahrb.** = Jahrbücher der Literatur, Bd. 121 u. 122, Januar, Februar, März. Wien 1848.
18. **Ticknor** = Georg Ticknor, Geschichte der schönen Literatur in Spanien. Deutsch mit Zusätzen herausgegeben von Nikolaus Heinrich Julius. 2. Bde. Leipzig 1852.
19. **Ad. Wolf** = Adolf Wolf, Supplementband zu G. Ticknors Geschichte der schönen Wissenschaften in Spanien. Leipzig 1867.
20. **Rosenkranz** = Dr. Karl Rosenkranz, Die Poesie und ihre Geschichte. Eine Entwickelung der poetischen Ideale der Völker. Königsberg 1855.
21. **Stzber.** — Sitzungsberichte der Kaiserlichen Akademie zu Wien. Phil.-Hist. Klasse, Bd. XVI, Jahrgang 1855, Heft I u. II. Wien 1855.
22. **Braunfels** = Ludwig Braunfels, Dramen aus und nach dem Spanischen. Teil 1 u. 2. Frankfurt a/Main 1856.
23. **H.** = Don Juan Eugenio Hartzenbusch, Biblioteca de Autores Españoles desde la Formacion del Lenguage hasta nuestros dias: Comedias escogidas de Frey Lope Félix de Vega Carpio. IV Tomos. Madrid 1855.
24. **Lemcke** = Ludwig Lemcke, Handbuch der spanischen Literatur. III. Bd. Leipzig 1856.
25. **Eichendorff** = Joseph Freiherr von Eichendorff, Zur Geschichte des Dramas. Leipzig 1854.
26. **Lafond** = Ernest Lafond, Etude sur la vie et les oeuvres de Lope de Vega. Paris 1857.
27. **F. Wolf** = F. Wolf, Studien zur Geschichte der spanischen und portugiesischen Nationalliteratur. Berlin 1859.
28. **Dohm** = H. Dohm, Die Spanische National-Literatur in ihrer geschichtlichen Entwickelung. (Die Klassiker aller Zeiten und Nationen, herausgegeben von Ad. Wolff. Berlin 1867. Teil III.) Berlin 1867.
29. **Rapp** = M. Rapp, Spanisches Theater. Bd. I—IV. In der Bibliothek ausländischer Klassiker in deutscher Uebertragung. Hildburghausen 1868.

30. **Fastenrath** = Dr. Joh. Fastenrath, Immortellen aus Toledo. Romanzen und Sonette. Leipzig 1869.
31. **Carriere** = M. Carriere, Die Kunst im Zusammenhange der Kulturentwickelung und die Ideale der Menschheit. IV. Bd. Leipzig 1871.
32. **Libros raros** = Lope de Vega, Comedias Inéditas. Tomo I. Coleccion de Libros Españoles Raros ó Curiosos. Tomo Sexto. Madrid 1873.
33. **Grillparzer** = Grillparzer, Sämmtliche Werke in 10 Bänden. Bd. VIII. (2. Ausgabe.) Stuttgart 1874.
34. **Dorer** = Eduard Dorer, Die Lope-Literatur in Deutschland. Bibliographische Uebersicht. Zürich 1877.
35. **Vapereau** = Vapereau, Dictionnaire universel des littératures. Paris 1884.
36. Las Comedias del Famoso Poeta **Lope de Vega Carpio**. (Die grosse Sammlung der Schauspiele des Lope de Vega.) Erschienen an verschiedenen Orten: Madrid, Barcelona etc. 1604—1647.
37. **Signorelli** = Pietro Napoli Signorelli Napoletano, Storia Critica dei Teatri Antichi e Moderni. 6 Tomi. Napoli 1789.
38. **Montiano** = Don Agustin de Montiano y Luyando, Discurso sobre las Tragedias Españoles. Madrid 1750.
39. **Dunlop** = Joh. Dunlop, Geschichte der Prosa-Dichtungen oder Geschichte der Romane, Novellen etc. Aus dem Englischen übertragen von Fr. Liebrecht. Berlin 1851.
40. **Kressner** = Ad. Kressner, Bibliothek spanischer Schriftsteller. Bd. VIII. Comedias de Lope de Vega. Leipzig 1889.
41. **Duran** = Don Agustin Duran, Romancero general ó Coleccion de Romances Castellanos. II Tomos. Madrid 1851.
42. **Depping** = G. B. Depping, Romancero Castellano ó Coleccion de Antiguos Romances Populares de los Españoles, publicadas con una introduccion y notas de Don Ant. Alcalá-Galiano. Leipsique 1844.
43. **R. F.** = Romanische Forschungen, hg. v. K. Vollmöller. Bd. VI. Heft I. Erlangen.
44. **Schaeffer** = Adolf Schaeffer, Geschichte des Spanischen Nationaldramas. 2 Bde. Leipzig 1890.
45. **Barrera** = D. Cayetan Alberto de la Barrera y Leyrado: Catálogo Bibliográfico y Biográfico del Teatro Antiguo Español. Madrid 1860.
46. **Vega** = La Vega del Parnaso. Madrid 1637.
47. **Klein** = J. L. Klein, Geschichte des Dramas. Bd. IX u. X. Leipzig 1872.

Lebenslauf.

Ich, Johann August Julius Wilhelm Hennigs, evangelisch-lutherischer Konfession, bin geboren zu Hannover am 3. April 1866 als Sohn des Tapezierer Wilhelm Hennigs und dessen Ehefrau Adolfine geb. Gehrcke. Ich besuchte zuerst in meiner Vaterstadt das Realgymnasium I. Ordnung am Georgsplatze und setzte meine Schulbildung auf dem Leibnizrealgymnasium fort, wo ich auch Ostern 1886 mein Abiturientenexamen machte. Ich studierte darauf neuere Sprachen zunächst auf der Universität Jena bis Michaeli 1887/88. Von diesem Zeitpunkt an setzte ich bis zum heutigen Tage meine Studien in Göttingen fort.

Während meiner Studienzeit hörte ich die Vorlesungen der Herren: Thurneysen, Meyer-Lübke, Kluge, Gädechens, Eucken, Liebmann, Litzmann, Vollmöller, Brandl, Cloetta, Holthausen, Baumann, Heyne, Roethe, Lange, Andresen, Miller, Ebray.

Allen diesen Herren sage ich meinen aufrichtigsten Dank für die vielseitige Anregung, die sie mir haben zu teil werden lassen, besonders aber meinem verehrten Lehrer Herrn Professor Dr. Karl Vollmöller bin ich dankbar für seine Bemühungen, deren er sich während meiner Promotion hinsichtlich wissenschaftlicher Auskünfte unterzogen hat.

Auch der Königlichen Bibliothek zu Berlin und der hiesigen sage ich meinen herzlichsten Dank für die mir gewordene bereitwillige Unterstützung durch Zugänglichmachung des reichlichen Materials, welches ich zu dieser Arbeit nötig hatte.